Experimentieren an Stationen: Ein Weg zum kindgerechten Lernen

„Experimentieren an Stationen" folgt den Prinzipien des Lernens an Stationen. Allerdings ist es auf die speziellen Bedingungen des Schülerexperimentes in der Grundschule zugeschnitten: Da alle Versuche grundsätzlich von den Kindern allein ohne Hilfe der Lehrerin durchgeführt werden sollen, müssen manche Schritte genauer dargestellt werden, um Risiken auszuschließen.
Aus der Experimentierbox „Wasser 1" (s. o.) und den Stationsblättern dieses Heftes können Sie je nach eigener Zielsetzung bis zu 24 verschiedene Stationen aufbauen, die sich alle im Unterricht bewährt haben. Sie können sich aber auch auf eine Auswahl an Inhalten beschränken und zum Beispiel nur die Stationen eines Themenbereichs anbieten. Entscheidend ist, dass grundsätzlich **jeder** Schüler Gelegenheit hat, seine Station auszuwählen und zu bearbeiten. Dabei sollte ihm weitgehend freigestellt sein, ob er einzeln, zu zweit oder in Gruppen arbeiten möchte, wobei Zweiergruppen besonders empfehlenswert sind. Zuerst muss man der Klasse einen Überblick über das Lernangebot ermöglichen. Dazu bietet es sich z. B. an, die Stationen schon einige Tage vor der Einführung in das Vorhaben auszustellen und dann in der ersten Stunde einige wesentliche Stationen kurz vorzuführen. Hierbei wird die Übersicht (S. 12) eingesetzt. Man kann für die erste Begegnung mit dem Material im Unterricht auch eine Auswahl der wichtigsten Stationen treffen und diese gezielt zuordnen oder auslosen.

Experimentieren an Stationen und die „Öffnung des Unterrichts"

Zwar gibt die Lehrerin das Angebot durch die Stationen vor, aber dem Kind bleiben doch viele Wahlmöglichkeiten. Es kann

- ☐ die Station unter dem Gesichtspunkt ihres Inhalts oder der dort geforderten Arbeitsform wählen,
- ☐ die Reihenfolge und die Wiederholungen (!) von Stationen im Rahmen des Angebots oder die Verweildauer an einer Station bestimmen,
- ☐ die Sozialform und die Art der Hilfe wählen,
- ☐ selbst zum Angebot beitragen, indem es weitere Stationen aus Materialien erstellt, die es selbst mitbringt.

An einigen Stationen können Eltern oder andere Klassen einbezogen werden. Der hier vorliegende Medienverbund aus Stationsblättern und Versuchsmaterialien ermöglicht Ihnen in diesem Sinn eine Öffnung Ihres Unterrichts.
Sie bestimmen das Maß, in dem sie erfolgt.

Grundsätze zum Experimentieren an Stationen

- ☐ Übersicht über den gesamten Lernstoff,
- ☐ Zielorientierung (Ziele kennen und verfolgen),
- ☐ handelndes Lernen (Kopf, „Herz und Hand"),
- ☐ Bewegung beim Lernen,
- ☐ Vernetzung von Wissen,
- ☐ altersstufengerechte Verantwortung für das eigene Lernen und den Umgang mit dem Lernmaterial,
- ☐ Selbstständigkeit und Eigenverantwortlichkeit fördern, indem schulische Anforderungen selbstständig inklusive Selbstkontrolle an den bereitgestellten Stationen erfüllt und eine Sache bis zum Schluss verfolgt (!) wird,
- ☐ günstiges Lernklima,
- ☐ Individualisierung (s. o. Wahlmöglichkeit),
- ☐ Vermeidung von Unter- und Überforderung,
- ☐ Sie gewinnen Zeit für individuelle Förderung, Korrektur, Bestätigung und Hilfe.

Praktische Tipps für die Arbeit im Klassenzimmer

Materialhinweise

Für das Projekt „Trinkwasser, Abwasser und Experimentieren mit Wasser" benötigen Sie die Experimentierbox **„Wasser 1"** (zu beziehen bei Cornelsen Experimenta, Holzhauser Straße 76, 13509 Berlin, 0 30-43 59 02 36, www.corex.de) sowie die weiter unten (S. 6) genannten Verbrauchsmaterialien. Wer über die Box nicht verfügt, wird für die darin enthaltenen Gefäße aber relativ leicht Ersatz finden. Dabei können an die Stelle der in der Box enthaltenen Filterrohre beispielsweise kleine Blumentöpfe treten. Deren Löcher müssen dann aber (z. B. mit einer Blumentopfscherbe) teilweise so abgedeckt werden, dass zwar das Wasser, nicht aber die Bodenprobe in weitere Gefäße gelangen kann:

Neben dieser Lösung haben Kolleginnen auch schon mit Erfolg „Einmal-Geschirr-Becher" eingesetzt, wie es beim Ausschank von Getränken auf großen Veranstaltungen, in der Bahn oder im Flugzeug verwendet wird. Den Boden dieser Becher (vorzugsweise aus transparentem, weichem Kunststoff) versieht man mithilfe eines dicken Dorns, wie er für Milchdosen verwendet wird, mit Löchern.

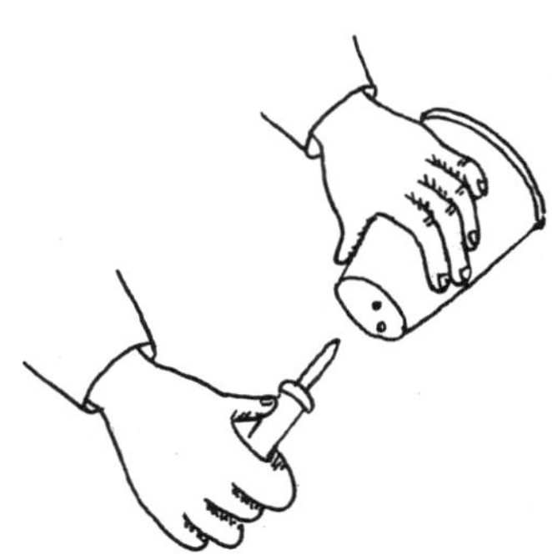

K Alle mit diesem Zeichen versehenen Blätter sollen kopiert werden. Manche Stationsblätter sollen für alle Kinder kopiert werden, weil diese jeweils eine Kopie in ihr „Buch vom Wasser“ übernehmen sollen, das sie im Laufe des Projektes erstellen (s. S. 11). Andere Blätter dienen als Lesetexte und sollten zumindest für Partnerarbeit kopiert sein, so z. B. der Brief der Verfasser „Liebe Kinder!“ (S. 10). Ein dritter Typ muss kopiert werden, da die Kinder etwas ausschneiden sollen.

Sache und Sprache

Eine wichtige Aufgabe des Grundschulunterrichts ist die Begriffsbildung. Sache und Sprache müssen verbunden werden. Beim Experimentieren an Stationen haben wir dazu bei individuellen Gesprächen Gelegenheit. Außerdem helfen dabei drei weitere Maßnahmen: die Partnerarbeit, die Präsentationen und das „Buch vom Wasser“:

1. **Partnerarbeit:** Obwohl die Wahl der Sozialform den Kindern im Rahmen von Experimentieren an Stationen grundsätzlich überlassen bleiben muss, sollte Partnerarbeit bevorzugt werden. Sie unterstützt das Gespräch über die beobachteten Erscheinungen am effektivsten.
2. **Präsentationen:** Innerhalb jeder Stationsarbeit sollte eine Präsentationsphase stattfinden. Sie kann am Anfang, am Ende oder auch in der Mitte liegen. Hier führen wechselnde Kinder ein bis zwei Arbeitsergebnisse vor. Sie zeigen und erklären, was sie gemacht und herausgefunden haben. Dieses Ritual hat neben der Versprachlichung weitere positive Effekte: Erstens gewinnen die Zuhörer Interesse an der vorgestellten Station. Zweitens aber können Sie als Lehrerin die „Vortragenden“ (rechtzeitig) aussuchen und somit dafür sorgen, dass die Ihnen wichtigen Stationen nach und nach vorgestellt werden. Dabei entstehen Verknüpfungen und werden Akzente gesetzt. Ihnen wichtige Stationen können Sie auch kennzeichnen, z. B. mit Klebepunkten.
3. **Das „Buch vom Wasser“:** Dieses Ergebnis- und Berichtsheft erfreut sich bei Kindern durch seine freie Form großer Beliebtheit. Es kann zu Hause durch Bilder und Collagen ergänzt werden.

Organisation der Stationen

Man muss so viele Stationen anbieten, dass jedes Kind (s)eine eigene findet. Optimal wäre es also, so viele verschiedene Angebote zu machen, wie man Schüler hat. Wenn dies aus inhaltlichen oder ökonomischen Gründen nicht möglich oder erwünscht ist, kann man dieselbe Station zweimal, d. h. an zwei Plätzen identisch, anbieten oder dasselbe Material an einer Station gleich mehrfach auslegen. Möglich ist auch, bestimmte Stationen von vornherein auf Partnerarbeit oder Gruppenarbeit anzulegen.

Es hat sich bewährt, **alle** Stationsarbeitsblätter zu kopieren und in Klarsichthüllen zu stecken, die am Rand die Nummer des Blattes tragen. So können sie an die richtige Stelle zurückgelegt werden.
Die „Lösungsverstecke“ entstehen dadurch, dass die kopfstehenden klein gedruckten Fußnoten auf den Blättern nach hinten umgeknickt werden. Mit den Kindern wird besprochen, wie diese Eintragungen sinnvoll genutzt werden.
Die Stationen sollten in der Klasse verteilt angeboten werden, z. B. auf Fensterbrettern und Regalen liegend oder in Reichweite hängend. Möglich ist auch, sie wie ein Büfett auf einer geeigneten großen Fläche nebeneinander auszulegen. Wichtig sind nur der ungehinderte Überblick und der freie Zugriff.
Die Versuchsgeräte (Box) werden in die Obhut zweier zuverlässiger „Experten“ gegeben. Sie achten auf Vollständigkeit, Verfügbarkeit, Sauberkeit und Trocknung der Materialien.
Die Verbrauchsmaterialien werden am besten in kleinen Eimern aufbewahrt („Materialecke“). Um Verstreuen vorzubeugen, kann man sie zusätzlich in Kunststoffwannen stellen. Für die Entsorgung des Wassers ist ein leerer Eimer nötig. Ihn entleeren nur dafür bestimmte Kinder. In der „Materialecke“ liegen auch einige Wischlappen bereit. Insbesondere in den ersten Stunden, wenn die Kinder noch ungeübt sind, ist vor dem Stundenende Zeit für das Aufräumen einzuplanen.
Experimentieren an Stationen kann Einzelstunden füllen oder eine Unterrichtseinheit abdecken. Dann wird es über mehrere Wochen aufrechterhalten und täglich fortgesetzt. Da das Vorhaben stark in andere Lernbereiche hineinspielt, werden z. B. gern Deutschstunden zum Fortsetzen der Arbeit genutzt. Die Stationsblätter trainieren z. B. das sinnentnehmende Lesen und Textverfassen intensiv.

Die Stationen dieses Themenheftes sind in vielen Klassen über knapp drei Wochen als ständiges Angebot eingerichtet und täglich genutzt worden. Durch den einmaligen Aufbau (d. h. das Einrichten der „Materialecke“ und der Stationen durch Aushang oder Auslage der Stationsblätter) und die Gewöhnung der Kinder an den Umgang mit dem Material und seine Organisation sowie die Ritualisierung des Berichtens über Ergebnisse konnte es seine Ökonomie und positive Lernatmosphäre besonders entfalten. Dabei haben viele Klassen von vornherein alle Stationen angeboten bekommen, andere aber mit ebenso gutem Erfolg auch den schrittweisen Auf- und Ausbau des Angebots erlebt. Es hat sich auch gezeigt, dass ein Wechsel von „echter“ Stationsarbeit und einigen Stunden, in denen mit der ganzen Lerngruppe gemeinsam gearbeitet wurde, fruchtbar sein kann. Das vorliegende Heft wurde vorzugsweise ab Mitte Klasse drei bis Ende vier eingesetzt.
Ausführlichere Hinweise finden Sie in dem Einführungsband zur verwandten Reihe „Lernen an Stationen in der Grundschule – Ein Weg zum kindgerechten Lernen“ von Roland Bauer, Cornelsen Verlag Scriptor, ISBN 978-3-589-21108-1.
Da das Thema „Wasser“ mit einem Heft nicht abgedeckt werden kann, verweisen wir auf das Themenheft „Rund ums Wasser“ aus der Reihe „Lernen an Stationen“ (ISBN 978-3-589-21644-4). Es enthält u. a. Stationen aus dem Bereich Musik (Friedrich Smetana: Die Moldau), bildnerisches Gestalten, Deutsch und Mathematik.

Sachinformationen

Die folgenden Darstellungen orientieren sich inhaltlich an dem Informationsmaterial, das der Bundesverband der deutschen Gas- und Wasserwirtschaft e.V. (BGW) kostenlos abgibt: BGW, Josef-Wirmer-Straße 1–3, 53123 Bonn, im Internet: www.wasser-macht-schule.com. Unter dieser URL finden Sie weitere Informationen rund um das Thema Wasser sowie Materialangebote.

1. Rohwasser

Das („Roh"-)Wasser, das die Wasserwerke zu Trinkwasser aufbereiten, wird entweder dem Boden (Grundwasser) oder Flüssen, Talsperren und Seen entnommen (Obeflächenwasser): 65 % sind Grundwasser, 27 % Oberflächenwasser. Nur 8 % sind Quellwasser. Im Zusammenhang mit dem Projekt „Trinkwasser – Abwasser, Experimentieren mit Wasser" ist zu bedenken, dass Quellwasser nichts anderes als natürlich zutage tretendes Grundwasser ist und dass ein Teil des Oberflächenwassers erst nach Versickern in den Boden gewonnen wird. Anlass genug, die Filterwirkung in einfachen Schülerversuchen nachzuvollziehen.

2. Grundwasser

Der größte Teil unseres Trinkwassers wird aus Grundwasser gewonnen (wobei jedoch regionale Unterschiede zu beachten sind). Grundwasser bildet sich, wenn Regenwasser im Boden versickert. Dabei sickert es durch den „wasserführenden" Sand und Kies und sammelt sich da, wo es auf „wasserstauende" Schichten (Lehm, Ton, Mergel) trifft. Dieser Vorgang geht sehr langsam vor sich, eine Faustformel spricht von etwa einem Meter pro Tag. Die Bodenschichten, die es dabei durchläuft, können einige Meter, aber auch Hunderte von Metern mächtig sein. Das Wasser ist auf diesem Weg im Schnitt 50 Tage „unterwegs". Die Bodenschichten reinigen es dabei wie ein natürlicher Filter. Horizontalbrunnen pumpen es aus bis zu 30 m, Vertikalbrunnen aus bis zu fast 500 m Tiefe herauf.

Wenn sich im Boden wasserführende und wasserstauende Schichten abwechseln, spricht man von Grundwasserstockwerken. Sie können bis in Tiefen von mehreren hundert Metern reichen und durch Unterbrechungen der wasserstauenden Schichten miteinander verbunden sein.

Beim Sickern durch den Boden nimmt das Wasser auch die natürlichen Stoffe auf, die er enthält, zum Beispiel Kalk oder Eisenspuren. Allerdings nimmt es auch in den Boden geratene Chemikalien (z. B. Rückstände von Überdüngung) oder Öl auf.

Die Ergiebigkeit der Grundwasservorkommen ist zum einen abhängig von den Niederschlagsmengen, zum anderen vom Untergrund. Kalksandstein kann beispielsweise kaum Wasser speichern. So unterschiedlich beide Faktoren je nach Gegend sein können, so unterschiedlich sind auch die Mächtigkeiten der Grundwasservorkommen.

3. Oberflächenwasser

Uferfiltration und Infiltration: Flüsse reichern auf natürliche Art das Grundwasser an, denn ihr Wasser versickert in und neben den Flussbetten und vereint sich mit dem „echten" Grundwasser. Brunnen in der Nähe eines Flusses sind deshalb ergiebiger als solche in größerer Entfernung. Da das Oberflächenwasser des Flusses beim Versickern durch die Bodenschichten filtriert wird, spricht man von Uferfiltration. Der Prozess lässt sich künstlich dadurch verstärken, dass man Teile des Flusswassers in Sickerbecken ableitet und so eine künstliche Grundwasseranreicherung (Infiltration) erzeugt.

Bei beiden Prozessen wird mit Pumpen in Flussnähe eine Mischung aus dem „echten" Grundwasser und dem versickerten Oberflächenwasser gefördert. Dabei ist zu bedenken, dass es trotz aller gesetzlichen Vorschriften nicht immer gelingt, das Flusswasser frei von illegalen Einleitungen zu halten, und dass die Klärwerke die von ihnen geklärten Abwässer ebenfalls in Flüsse leiten.

Wasser aus Talsperren und Seen: Viele Gegenden Deutschlands sind auf das Wasser aus Trinkwassertalsperren angewiesen, weil die Grundwasservorkommen nicht ausreichen. Man findet sie z. B. an der Ruhr, im Bergischen Land und im Harz. Unter den Seen ist der Bodensee der bekannteste. Aus ihm wird in 60 m Tiefe Wasser entnommen.

4. Fernwasserleitungen

Wo weder Grundwasser noch Oberflächenwasser in hinreichender Qualität und Menge zur Verfügung stehen, muss der Wasserbedarf über Fernwasserleitungen gedeckt werden. Der Stuttgarter Raum ist hierfür ein Beispiel. Eine 226 km lange Leitung verbindet ihn mit dem Bodensee.

5. Wasserwerke

Wasserwerke „stellen kein Wasser her" – heißt es im Schülertext. Sie bereiten das Rohwasser „nur" auf und pumpen es in die Versorgungsleitungen – für jeden Bundesbürger im Durchschnitt täglich 126 Liter. Bei der **Aufbereitung von Grundwasser** werden ihm jene natürlichen Inhaltsstoffe weitgehend entzogen (Eisen, Mangan, Kalk, Kohlensäure, Mineralien), die den Geschmack des Wassers beeinträchtigen oder sich in den Leitungen absetzen würden. Es wird hierzu entweder durch feines Versprühen in offenen Räumen belüftet oder mit reinem Sauerstoff in geschlossenen Behältern in Kontakt gebracht. Der Sauerstoff bewirkt in beiden Fällen, dass das im Wasser gelöste Eisen und Mangan kleine Flocken bildet, die man im Anschluss durch Sand- und Kiesfilter beseitigen kann. Oft ist die Qualität des Trinkwassers dann so gut, dass man darauf verzichten kann, ihm eine geringe Menge Chlor zum Schutz gegen Verkeimung hinzuzufügen. Da der Trinkwasserbedarf im dem Tagesverlauf schwankt, sammelt man das Trinkwasser in einem Trinkwasserbehälter.

Aufwändiger ist die **Aufbereitung von Oberflächenwasser.** Im Oberflächenwasser (im Uferfiltrat ebenso wie in Stauseen und Seen) finden sich einige Stickstoffverbindungen, Schwermetalle, Salze und Kohlenwasserstoffe, die leider trotz aller Schutzbestimmungen in die Gewässer geraten. Diese Stoffe werden weder beim Versickern durch den Boden noch mit den oben beschriebenen Methoden der

Grundwasseraufbereitung zurückgehalten. Man muss dieses Rohwasser deshalb z. B. mit Ozon behandeln und dann durch spezielle Filter leiten, die mit Aktivkohle gefüllt sind. Auch hier kann sich eine Desinfektion des Wassers anschließen, ehe es als Trinkwasser in die Haushalte gelangt. Vereinfachend darf man sagen, dass im Prinzip die Aufbereitung von Grund- und Oberflächenwasser ähnlich ist: Durch den Kontakt mit Luft/Sauerstoff bzw. Ozon werden die Stoffe, die man dem Rohwasser entziehen möchte, so umgewandelt, dass sie herausgefiltert werden können. Die Filter ihrerseits (Kies oder Aktivkohle) müssen dann von Zeit zu Zeit selbst gereinigt werden.

Anmerkung: Einige der folgenden technischen Darstellungen lehnen sich an Publikationen regionaler Wasserbetriebe (hier: Berlin) an. Wir empfehlen Ihnen, die für Ihren Schulort zuständigen Wasserversorger um Informationsmaterial und vor allem die Auskunft zu bitten, die die Station B2 (S. 30) erfordert: Woher bezieht Ihr Wasserwerk das Rohwasser? Klären sollten Sie auch die Frage nach den Kosten für einen Kubikmeter Wasser (ggf. getrennt nach Trink- und Abwasser). Auch sollten Sie wissen, welche Rolle Wassertürme in Ihrem örtlichen Leitungsnetz spielen (vgl. Station B4, S. 35). Oft gibt es auch die Möglichkeit, einen Wasserbetrieb zu besichtigen.

6. Das Rohrnetz

Vom Wasserwerk aus wird das Trinkwasser in die Häuser geleitet. Dieser Weg kann bei Fernwasserleitungen sehr lang sein. Den nötigen Druck erzeugen entweder Hochbehälter oder Pumpen. Die Funktionsweise moderner Pumpen darf man sich vereinfacht wie den Vorgang beim Wäscheschleudern vorstellen. Zu den Hochbehältern liefert der angeregte Schülerversuch die Erklärung: Nach dem Prinzip der verbundenen Gefäße steigt das Wasser überall in den Leitungen bis auf die Wasserstandshöhe in dem Gefäß (Hochbehälter/Wasserturm), das am höchsten steht, und hat damit auch den nötigen Druck. Selbstverständlich muss man das Wasser zunächst auch in die Hochbehälter pumpen, jedoch ist der technische Aufwand hierfür geringer, als wenn man ein ganzes Leitungsnetz unter (Pump-) Druck halten will.

Damit man das im Boden liegende Leitungsnetz für Reparaturen, Baumaßnahmen oder bei Rohrbrüchen absperren kann, sind Ventile eingebaut. Blaue Schilder mit der Beschriftung **A**(bsperr-)**V**(entil) **W**asser weisen darauf hin, wo diese „Schieber“ zu finden sind. Ähnliche Schilder, jedoch weiß mit rotem Rand, zeigen H(ydranten) an. Sie dienen in erster Linie der Feuerwehr als Zapfstellen im Notfall. Damit die Feuerwehrleute einschätzen können, wie leistungsfähig das Rohr ist, das zu dem Hydranten führt, wird seine Stärke neben dem H angegeben. „H 150“ bedeutet demnach, dass das zuführende Wasserrohr einen Durchmesser von 150 mm hat.

Ein weiteres Rohrnetz dient der Entsorgung des Abwassers. In großen Städten gibt es neben den Rohren unterirdische Kanäle, die das Abwasser sammeln und weiterführen. Auch in diesem Netz gibt es Pumpen und Absperrschieber.

7. Das Klärwerk

Folgen wir zunächst der Anregung auf dem Stationsblatt C 1, S. 37 und versuchen uns vorzustellen, was das Abwasser alles transportiert. Wir besuchen einen großen Supermarkt. Welche Mengen von Toilettenpapier, Wasch-, Spül- und Scheuermitteln, Dusch- und Badezusätzen wir in den Regalen eines einzigen Supermarktes vorfinden! Sie werden sehr bald alle im Abwasser landen. Soweit diese Artikel vom Hersteller für diese Form des Gebrauchs vorgesehen sind, kann man davon ausgehen, dass er alles dafür getan hat, um sie abbaubar zu machen. Toilettenpapier z. B. zerfällt im Abwasser bald in Fasern. Damit ist es natürlich noch ein Bestandteil, der im Klärwerk eliminiert werden muss, aber es verstopft weder die Leitungen, noch bleibt es im Rechen hängen. Neben den Artikeln, an deren Entsorgung über das Abwasser bei der Herstellung schon gedacht wurde, geraten versehentlich oder gedankenlos auch solche hinein, die schwieriger zu entsorgen sind. Unbeabsichtigt fällt manches Textilstück (z. B. Lappen) ins Wasser. Glasteile und Rasierklingen fallen aus Versehen in den Abfluss. Gedankenlos werden Verpackungsmaterial, Hygieneartikel, Farbreste, Chemikalien (Farblöser) und – wichtig im Hinblick auf Kinder – Katzenstreu dem Abwasser zugeführt.

Sich hierüber klar zu werden, ist deswegen wichtig, weil das Klärwerk das von ihm gereinigte Wasser wieder dem natürlichen Kreislauf (einem Fluss) zuführt. Das geklärte Wasser begegnet uns z. B. auf dem Weg über das Uferfiltrat möglicherweise als Rohwasser wieder. Da ist es schon wesentlich, dass jeder „dem Klärwerk eine Chance“ gibt, alle Verunreinigungen herauszubekommen. Dass wir dazu ohnehin nur begrenzt beitragen können, macht z. B. die für Erwachsene interessante Überlegung deutlich: Wo bleiben diejenigen Inhaltsstoffe von Medikamenten, die der Körper wieder ausscheidet?

Neben dem natürlichen Wasserkreislauf (verdunstendes Wasser, Wolkenbildung, Niederschlag, verdunstendes Wasser ...) gibt es also auch beim Trinkwasser einen künstlichen Kreislauf: Grundwasser–Trinkwasser–Abwasser–Oberfächenwasser–Grundwasser. Diese Einsicht können bereits Grundschüler haben. Und wenn sie auch noch recht rudimentär sein mag (vgl. Stationsblatt C 6, S. 43). Wir bereiten bei den Schülern ein grundsätzliches Verständnis dafür vor, warum es z. B. Trinkwasserschutzgebiete gibt, warum Chemikalien nicht in den Ausguss gehören oder warum auslaufende Öltanks ein großes Umweltproblem darstellen.

Einen Anlass, über den hier gemeinten Kreislauf kindgemäß ins Gespräch zu kommen, bieten die Stationsblätter „Wie das Wasser in den Boden hinein- und wieder herauskommt“ (S. 20), „Wie kam/kommt das Trinkwasser früher/heute ins Haus“ (S. 32) und „Wohin mit dem Abwasser?“ (S. 43). Alle drei sind für Kinder in besonderer Weise attraktiv gestaltet. Daneben bahnen auch die einfachen und Kinder faszinierenden Versuche in A 4 (S. 17) ein Verständnis dafür an, warum Grundwasser geschützt werden muss. In diesem Zusammenhang erinnern wir an die bekannte Rede des Häuptlings Seattle vor dem Präsidenten der Vereinigten Staaten (1855): „Was immer der Erde widerfährt, widerfährt auch den

Kindern dieser Erde. Wenn die Menschen auf die Erde spucken, bespucken sie sich selbst. – Denn dies wissen wir: Die Erde gehört nicht den Menschen, der Mensch gehört der Erde. Alle Dinge sind miteinander verbunden ... Der Mensch hat das Netz des Lebens nicht gewoben, er ist nur ein Strang in diesem Netz. Was immer er dem Netz antut, tut er sich selbst an."

Phasen der Wasserreinigung im Klärwerk

1. Die Rechenanlage: Alle groben Verunreinigungen werden hier zurückgehalten. Diese werden anschließend entwässert und der Deponie bzw. Müllverbrennung zugeführt.
2. Der Sandfang: Er besteht aus langen Rinnen. Bei einer Strömungsgeschwindigkeit von etwa 30 cm je Sekunde setzen sich grobe mineralische Stoffe wie Sand, Kies und kleine Steine am Boden ab. Hier werden sie zusammengeschoben, entwässert und entsorgt.
3. Das Vorklärbecken: Hier fließt das Abwasser noch langsamer: 1,5 cm pro Sekunde. Die feinen Teilchen, die schwimmfähig sind (größtenteils Fett), sammeln sich an der Wasseroberfläche, die anderen setzen sich am Beckenboden ab. Hier werden sie maschinell in einen Trichter geschoben und zur Schlammbehandlung gepumpt. Die Schwimmstoffe werden von der Oberfläche entfernt.
– Bis hier lassen sich die technischen Prinzipien in einfachen Schülerversuchen nachahmen. Die folgenden Vorgänge in der biologischen Reinigung entziehen sich der Anschauung. –
4. Das Belebungsbecken: In den Belebungsbecken werden die im Wasser gelösten organischen Stoffe (wie z. B. Fäkalien) sowie Phosphate (z. B. aus Waschmitteln) und Stickstoffverbindungen abgebaut. Der Abbau erfolgt durch Bakterien und andere Mikroorganismen, die den belebten Schlamm bilden. Der erste Teil der Belebungsbecken wird sauerstoffarm oder -frei gehalten. Dadurch wird eine vermehrte biologische Entfernung der Phosphate aus dem Abwasser möglich. Danach wird sehr viel Sauerstoff in das Abwasser gebracht. Das geschieht durch das Einblasen von Druckluft. Mit Sauerstoff und Nahrung (die aus den gelösten Stoffen besteht) versorgt, können sich die Bakterien in 24 Stunden im Verhältnis eins zu einer Million vermehren.
5. Das Nachklärbecken: Hier hat der belebte Schlamm aus den Belebungsbecken mehrere Stunden Zeit, sich abzusetzen (das Abwasser ist nun geklärt und wird einem Fluss zugeleitet). Den abgesetzten Schlamm schieben umlaufende Räumer vom Beckenboden in Schlammtrichter. Von hier wird der Schlamm zum größten Teil zurück in die Belebungsbecken gefördert. Der durch die Vermehrung der Mikroorganismen entstandene zusätzliche Schlamm ... wird entweder entwässert und verbrannt oder in Faultürmen ausgefault. Der ausgefaulte Schlamm wird ebenfalls ... entwässert und kompostiert oder getrocknet. Die Darstellung zu den Vorgängen im Klärwerk lehnt sich an Publikationen örtlicher Wasserbetriebe an, hier der Berliner.

Anmerkung: „Abwassergruben"
Nur wenige deutsche Haushalte sind nicht an das Abwassernetz einer Gemeinde angeschlossen. Ihre Abwässer gehen gesammelt in einen Behälter, der in den Boden eingelassen ist. Er ist absolut dicht und muss je nach Bedarf geleert werden. Dies besorgt ein Unternehmen, das das Abwasser dann zu einem Klärwerk bringt (siehe C 6: „Wohin mit dem Abwasser?", S. 43). Daneben besteht in seltenen Fällen punktuell noch ein „Drei-Kammer-System". In ihm wird das „graue Abwasser" – das sind die Abwässer aus den Waschbecken, Badewannen, Duschen und Waschmaschinen – in Anlehnung an die oben unter 2 und 3 geschilderten Stationen grob geklärt und fließt dann mit dem Regenwasser in einen Bach o. Ä. Die Fäkalien bleiben davon getrennt und sind durch ein Fachunternehmen zu entsorgen. Solche Anlagen werden für Neubauten nicht mehr genehmigt.

Wassermangel in anderen Ländern, am Beispiel von Senegal und von Kenia

Im Allgemeinen gilt, dass die Länder südlich der Sahara am stärksten unter Wassermangel leiden. Durchschnittlich verfügt dort nur jeder zweite Bewohner über ausreichend Trinkwasser. Laut Weltgesundheitsorganisation braucht der Mensch durchschnittlich mindestens 20 Liter sauberes Wasser täglich. In Deutschland werden 126 l pro Person gerechnet. Es wird als Wassermangel bezeichnet, wenn ein Land weniger als 1.000 Kubikmeter sich erneuerndes Süßwasser pro Kopf und pro Jahr zur Verfügung hat. Es gibt jedoch Staaten, die zu den wasserärmsten Ländern der Erde zählen und trotzdem über genügend Trinkwasser verfügen. Sie haben die nötige Infrastruktur und Mittel, um mittels tiefer Grundwasserbohrungen, Meerwasserentsalzungen und Abwasseraufbereitung genug Wasser zu gewinnen und gerecht zu verteilen. Hierzu zählen vor allem Länder Vorderasiens. Die Trinkwasserversorgung eines großen Kontinents wie Afrika ist differenziert zu betrachten. Dabei ist die Landbevölkerung besonders benachteiligt. Traditionell ist die Wasserbeschaffung hier Aufgabe der Mädchen und Frauen. Tagtäglich müssen sie weite Strecken zurücklegen, um an Wasserstellen jeweils 10–15 Liter Wasser zu besorgen. Das Wassertragen ist eine enorme körperliche Anstrengung. Die Wasserträgerinnen verbringen bis zu 6 Stunden am Tag damit. Das Wasser wird in Kalebassen oder Eimern auf dem Kopf transportiert. Vermutlich ist diese Haltung weniger anstrengend als das einseitige Tragen. Auch mittelalterliche Wasserträger verteilten die Last, indem sie ein Joch über beide Schultern legten und zwei Eimer daran hängten. Wassermangel trägt daher auch dazu bei, dass Mädchen nicht zur Schule gehen können. Verunreinigtes Wasser und fehlende Abwasserversorgung führen auch zur Verbreitung von Krankheitserregern und Parasiten. So werden z. B. Durchfallerkrankungen, Wurminfektionen und Typhus durch verseuchtes Wasser übertragen.
Schließlich sind knappe Wasserbestände zwischen Ländern, die ihr Wasser aus der gleichen Quelle beziehen, immer wieder und in zunehmendem Maße Anlass zu Konflikten. Im Jahr 2002 waren weltweit 1,7 Milliarden Menschen ohne Zugang zu sauberem Trinkwasser!

Materialbedarf

Die Füllung des „kleinen Aquariums" von Stationsblatt A 6 (S. 20) ist hier nicht enthalten, da sie freigestellt ist.

1. Bodenproben

- ☐ **Humus:** ein 5-Liter-Eimer lockere, braunschwarze Gartenerde (Blumenerde, z. B. aus der Tüte).
- ☐ **Sand:** ein 5-Liter-Eimer heller Sand wie in Sandkisten üblich; der Sand muss gründlich gespült werden (z. B. in einem Sieb oder wie auf Stationsblatt A 4, S. 18), damit die Filterwirkung nicht durch enthaltenen Feinstaub beeinträchtigt wird.
- ☐ **Kies:** ein 5-Liter-Eimer gröberer Kies, wie er beispielsweise in Aquarien verwendet wird; auch der Kies muss gründlich gespült werden (siehe oben), damit die Filterwirkung nicht durch enthaltenen Feinstaub beeinträchtigt wird.
- ☐ **Lehm/Ton:** 2 kg Lehm/Ton, wie er für den Kunstunterricht benutzt wird (sehr fette, geschmeidige Konsistenz), oder Lehm, wie er ggf. in der Umwelt vorkommt (etwas sandige, eher mürbe Konsistenz); muss feucht gehalten werden, damit man ihn einfüllen kann und damit er in den Rohren bis an die Ränder dicht hält. Man kann den Ton z. B. mit angefeuchteter Plastikfolie geschützt aufbewahren.

2. Allgemeine Materialien

- ☐ (wenig) Spülmittel,
- ☐ (wenig) Speiseöl,
- ☐ Salz,
- ☐ Watte,
- ☐ in Wasser aufgelöstes Toilettenpapier (C 3),
- ☐ feine Streifen aus einer Plastiktüte (ca. 0,5 cm x 3 cm) (C 2),
- ☐ Fäden (3 bis 5 cm), z. B. Nähgarn (C 2),
- ☐ Trinkhalme,
- ☐ Musterbeutelklammern,
- ☐ Büroklammern,
- ☐ Pappröhren (von Toilettenpapierrollen),
- ☐ Münzen,
- ☐ Klebestreifen,
- ☐ Eiswürfel (D 2),
- ☐ Zahnstocher (notfalls Streichhölzer) (D 2),
- ☐ Overheadfolie (oder Vergrößerung) von B 3,
- ☐ ggf. Kaffeefilter (vgl. A 4),
- ☐ „Milchdosenöffner"/Dorn.

3. Materialien aus der Experimentierbox „Wasser 1"

- ☐ Aufbaufilter: zusammensetzbar aus Filtertopf, Deckel, Steckmuffe, Filterrohr mit Schlauchansatz, Feinsieb aus Drahtgewebe, Grobsieb aus Kunststoff, Kunststoffbecher (125 ml mit Graduierung), Kunststoffbecher (250 ml mit Graduierung);
- ☐ Keimschalen;
- ☐ Metalllöffel;
- ☐ Verbindungsschläuche (transparent);
- ☐ Ölbindemittel;
- ☐ Färbemittel (Lebensmittelfarbe);
- ☐ Faserschreibstift (wasserlöslich);

Die Box „Wasser 2" kann zusätzlich eingesetzt werden. Sie enthält Demonstrationsgeräte, die zur Station B 4 passen.

Praktische Tipps

- ☐ Um den Ton in das Filterrohr zu füllen, knetet man ihn in Kugelform. Dann gibt man zuerst das Sieb und dann den Ton in das Rohr. Mit einem langen Bleistift drückt man ihn hinunter. Die Ränder können erhaben sein, damit das Wasser nicht daran verbeiläuft und der Ton mit der Wandung des Rohrs abschließt. Da der Ton antrocknet, darf er am Ende der Stunde nicht im Filterrohr bleiben. Man kann ihn problemlos mit einem Bleistift entfernen, mit dem man von unten auf das Sieb drückt.

Es gibt unterschiedliche Wege, die Versuche auszustatten:

- ☐ Die Schüler füllen die Rohre jedes Mal neu und „recyclen" die Materialien, durch die nur klares Wasser geschickt wurde, während sie die mit Salz, Öl, Spülmittel und Farbe „verunreinigten" im Hausmüll entsorgen.
- ☐ Oder: Man „baut" die Versuche mit Humus, Sand und Kies *einmal* auf, d.h. befüllt eine Anzahl von Rohren gemäß den Versuchsvorschlägen und benutzt sie immer wieder. **Achtung:** Dies ist mit Ton/Lehm nicht möglich. Er wird beim Trocknen hart und schrumpft, sodass das Wasser seitlich durchläuft.
- ☐ Auch eine Mischform hat sich bewährt: Teils „fertige" Versuchanordnungen (z. B. der „Turm" von Blatt A 3, S. 16), teils Neuansätze (z. B. Filterwirkung, Blatt A 4, S. 17 f.)

Hinweise zur Frage der Entsorgung:

- ☐ Da alle verwendeten Materialien üblicherweise auch in das Haushaltsabwasser geraten (Speiseöl, Spülmittel, Lebensmittelfarbe, Salz) bzw. in den Haushaltsmüll (Sand, Kies, Humus), können sie auch so entsorgt werden.

Anmerkungen zu ausgewählten Stationsarbeitsblättern

Seite

Einführung 1: Liebe Kinder 10

Dieser „Brief" kann in Partnerarbeit gelesen und danach im Plenum besprochen werden. Die Behauptung „Ohne Wasser kein Leben" diskutieren Kinder erfahrungsgemäß gern und finden ihre Wahrheit bald heraus. Wichtig im Hinblick auf das Unterrichtsvorhaben sind im Weiteren die Vorgehensweisen, die der Text nahelegt. Dazu einige Hintergründe:

- *Partnerarbeit wird empfohlen, weil viele Versuche so besser gelingen, das Material ökonomischer genutzt wird und die Kinder bei dieser Form ins Gespräch kommen.*
- *Das sinnentnehmende Lesen findet am Tisch (und nicht im Stehen an der Station) statt, um die Arbeit gründlich vorbereiten zu können.*
- *Stationsblatt und Material bleiben (trotz des Wassers) beim Eintrag in das „Buch vom Wasser" auf dem Tisch, um das richtige Schreiben und Zeichnen zu unterstützen.*
- *Das angeregte Experten-System entlastet Sie als Lehrerin. Eine weitere Erleichterung ist die Verabredung, dass Kinder, die Hilfe brauchen, ihren Namen still an die Tafel schreiben. Sie gehen dann in der Anschriebreihenfolge zu den Kindern. Wer die Hilfe schon erhielt oder nicht mehr benötigt, streicht seinen Namen wieder aus.*
- *Besonders in den ersten Stunden des Unterrichtsvorhabens wird das Aufräumen länger dauern. Manche Gruppen haben dafür zehn Minuten angesetzt, wurden später aber schneller. In manchen Klassen wurde ein „Wasserdienst" wie im Kunstunterricht eingerichtet.*
- *Die Betreuer für die Box sind unverzichtbar. Sie sind während des gesamten Unterrichtsvorhabens dafür zuständig, dass alles vollständig an seinem Platz aufbewahrt und gepflegt wird. Hier ist besonders an das Abtrocknen der Teile und die Pflege der Bestände an Sand, Kies, Humus und Lehm zu denken. Der Lehm soll feucht gehalten werden. Sand und Kies müssen sauber sein, will man ihre Filtrierwirkung beobachten.*

Einführung 2: Mein Buch vom Wasser 11

Das Berichtsheft „Mein Buch vom Wasser" hat sich bei allen Vorhaben dieser Art außerordentlich bewährt. Besonderen Wert sollte man dabei darauf legen, dass zur Absicherung der Rechtschreibung erstens das Stationsarbeitsblatt beim Schreiben auf dem Tisch bleibt und genutzt wird und zweitens die „Lösungsverstecke" beachtet werden. Drittens können Sie eine Wörtersammlung zur Verfügung stellen. Sie hängt an zentraler Stelle, enthält alle Wörter, die Ihnen bei Durchsicht der Blätter wichtig erscheinen, und wird ständig handschriftlich durch die Wörter ergänzt, nach denen die Kinder gefragt haben.

Seite

Einführung 3: Übersicht über die Stationen 12

Von diesem Blatt erhält jedes Kind eine Kopie. Damit hat man für die Einführung in das Unterrichtsvorhaben eine Übersicht, die Gesprächsanlässe und erste Orientierung bietet. Später gibt sie Aufschluss über den Stand der Bearbeitung, denn was erledigt ist, wird abgehakt. Aufbewahrt wird sie im „Buch vom Wasser". Lohnend ist es auch, die Übersicht als „Station" auszuhängen, am besten auf DIN A 3 vergrößert. Hier geben die Kinder mit Kürzeln an, welche Stationen sie bearbeitet haben. Wenn jeder sehen kann, wer was gemacht hat, findet man leichter gegenseitige Hilfe, Anregungen und Anlässe für Unterrichtsgespräche.

Station A 1: Wo bleibt das Regenwasser? 13

Grob geschätzt gehen von den Niederschlägen – insgesamt gesehen – ein Drittel in den Boden, ein Drittel in Gewässer und ein Drittel verdunstet. Diese Verteilung ist theoretisch, da sie von örtlichen, z. B. klimatischen, Gegebenheiten abhängt. Sie zeigt aber, dass alle drei Prozesse gleich wichtig sind. Die Station B 1 stellt das Versickern bildlich dar, das in anderen experimentell „erforscht" wird. Die Aufgabenstellung ist ebenso wichtig wie das Lösungsversteck.

Station A 2: Der große Bodenarten-Test 14

Die hier angeregten Versuche sind grundlegend. Sie führen zu eindeutigen Ergebnissen, wenn Sie beachten, dass der Ton/Lehm nur dann dicht am Rohr anliegen und somit abdichten kann, wenn er feucht ist und entsprechend eingefüllt wird (s. o. Seite 6). Sollten Sie sich dafür entscheiden, die einmal aufgebauten Versuche immer wieder zu verwenden, so geht das nur mit Sand, Kies und Humus. Der Ton schrumpft beim Austrocknen und lässt das Wasser (seitlich) durch.

Station A 3: Tief in die Erde gebohrt 16

Dieser Versuch fasziniert Kinder besonders, wenn sie auch Gelegenheit erhalten, die Rohre zu vertauschen. Sie kommen so zu Eindrücken, die der Natur deswegen näher kommen, weil die Bodenschichten ja in unterschiedlicher Folge auftreten.
Das über dem Ton im Kies gestaute Wasser macht die Grundwasservorräte in den „wasserführenden" Bodenarten anschaulich.

Station A 4: Grundwasser ist sauber, wenn nicht ... 17

Benutzen Sie bitte nur das mit „Färbemittel" oder

Seite

„Lebensmittelfarbe" bezeichnete Pulver! Dass es trotzdem nicht zum Verzehr bestimmt ist, liegt auf der Hand. Weisen Sie die Kinder darauf hin, dass das farbige Wasser auch nicht getrunken werden soll (wegen der möglicherweise darin enthaltenen Keime), ein Ablecken das eingetauchten Fingers dürfte im Hinblick auf die Farbe aber unbedenklich sein. Auf drei Anregungen (zu A 4 – Blatt 2) ist zu achten:

- Das farbige Wasser sollten Sie selbst anmischen. Das Portionieren des sehr intensiven Pulvers erfordert eine ruhige Hand.
- Da das Salzwasser gekostet werden soll, ist es ratsam, den Kies zusätzlich unter dem laufenden Wasser zu spülen.
- Wer trotz des Spülens noch Bedenken hat (Erwachsene oder Kinder), kann dem Hinweis auf den Kaffeefilter folgen. Er führt zum selben Ergebnis, vermittelt nur leider ein falsches Bild.

Das Ergebnis der Versuchsreihe vermittelt eine Begründung dafür, warum mindestens die Gebiete geschützt werden müssen, in denen Trinkwasser gewonnen wird.

Station A 6: Wie das Wasser in den Boden hinein- und wieder herauskommt I 20

Es ist nicht vorgesehen, dass die Grundwasserbildung wirklich im Versuch nachvollzogen wird. Die Abbildung reicht. Trotzdem haben Schülergruppen bei der Erprobung dieses Heftes immer wieder ein geeignetes Gefäß mitgebracht und wie in der Zeichnung befüllt. Dabei wurden sie von Eltern unterstützt. Falls das bei Ihnen geschehen sollte, beachten Sie bitte: Das „Aquarium" darf nicht groß sein! Eine Bodenfläche in der Größe eines DIN-A 4-Blattes reicht. Selbst dann passt unglaublich viel Ton, Sand und Kies hinein. Das gefüllte Gefäß wird sehr schwer. Füllen Sie es daher erst vor Ort.
Der Versuch von Blatt 2 verdeutlicht den Brunnenbau recht gut. Das Bohr- und das Brunnenrohr lassen sich leicht herstellen. Unser „Brunnenrohr" weicht bald auf.

Station A 8: Zu viel Wasser 24

Der hier abgedruckte Text ist in jeder Hinsicht authentisch und beschreibt tatsächliche Ereignisse! Auch die Abbildungen sind nach Originalfotos angefertigt. Nur die Erklärung, die hier der Mutter in den Mund gelegt wird, ist stark vereinfacht. Sie gibt aber die Kernaussage korrekt wieder.

Station A 9: Zu wenig Wasser 26

Diese Station gibt zwei fiktive, aber realistische Beispiele zur Wasserversorgung: Ein Kind berichtet davon, dass es für seine Familie mühevoll und aufwändig Wasser vom Dorfplatz holt. Das zweite Kind muss weite Wege zurücklegen, um Wasser für seine Familie zu besorgen. Beide Beispiele deuten an, dass es durch unsauberes Wasser häufig zu (Durchfall-)Erkrankungen kommt.
Die Aufgabe, die fehlenden Zeilen im zweiten Text zu füllen, soll den Kindern helfen, sich in die Situation hineinzuversetzen.
Die zweite Seite mit Sachinformationen vermittelt in Form eines Unterrichtsgesprächs, warum die Situation in den genannten afrikanischen Ländern so desolat ist. Mit dem Ziel der Perspektivenübernahme soll die Wasserbeschaffung des zweiten Beispieles auf den Wohnort der Kinder übertragen werden: Wie viel Zeit ist zur Wasserbeschaffung nötig? Wie weit ist die Wasserstelle entfernt? Wie schwer ist das zu beschaffende Wasser und wie viel Wasser verbrauchen wir an einem Tag? Wichtig ist, dass die Schüler bei der Präsentation den Zusammenhang von Regenwasser – Grundwasser – Trinkwasser und die Kosten für das Rohrnetz einbeziehen.

Seite

Station B 1: Ohne Trinkwasser geht nichts – ein Memory-Spiel 28

Sie können die Spielkarten zweimal kopieren, ausschneiden und an der Station mit dem Anleitungsblatt auflegen. Die Kinder können die Bilder dann allerdings nicht in ihr Buch übernehmen, sei es als Spiel im Umschlag oder aufgeklebt zur Illustration. Alternativ können nur die Kopien ausgelegt werden. Dann wird das Spiel von jedem Schülerpaar neu hergestellt, sprich: ausgeschnitten.

Station B 2: Stellt das Wasserwerk Wasser her? 30

Sie müssen an dieser Station wissen, welcher Teil des Bildes auf den Wohnort Ihrer Kinder zutrifft: Kommt das Wasser dort aus dem Grundwasser, einem Stausee oder einem See? Nur der entsprechende Teil in der Vorlage wird deutlich ausgemalt. Um das ständige Nachfragen der Kinder zu vermeiden, haben manche Kolleginnen einen Brief an der Station deponiert, der die Frage beantwortet (Gelegenheit zum sinnentnehmenden Lesen!).

Station B 3: Wie kam/kommt das Trinkwasser früher/heute ins Haus? 32

Am günstigsten ist es, der Station die Projektionsfolie oder die Vergrößerung möglichst beider Teilbilder auf A 3 beizufügen. Was die Regenwasser-Entsorgung angeht, ist die Darstellung notwendigerweise auf eine technische Lösung beschränkt: Das Regenwasser wird hier in das Klärwerk geleitet (Mischsystem). Die andere, häufig anzutreffende Variante führt das Regenwasser getrennt vom Abwasser aus den Häusern in Regenwasserbecken, Seen und Flüsse (Trennsystem).

Seite

Station B 5: Wo sind die Rohre? 36

Manche Lehrerinnen gehen selbst mit auf die Suche und machen Fotos von den Schildern in ihrer Umgebung. Schüler können auch verschieden beschriftete Schilder dem Muster entsprechend „erfinden", ausstellen und – etwa in einer Präsentation – von ihren Zuhörern deuten lassen. Metermaß nicht vergessen!

Stationen C 2, C 3 und C 5 . . . . 38/39/40

Das Grundprinzip der mechanischen Abwasserreinigung ist sehr gut im Versuch nachzuvollziehen. Sobald die Kinder einen dieser Versuche gemacht haben, sollen sie die passende Station auf der Übersicht über das Klärwerk (Station C 5: Im Klärwerk wird Abwasser geklärt) wiederfinden.
Anmerkung: Die Kinder neigen natürlich dazu, noch mehr „Abfall" in ihr Abwassergemisch einzubeziehen. Papier erfreut sich besonderer Beliebtheit. Damit wird aber eine falsche Vorstellung erzeugt: Papier hat sich im „richtigen" Abwasser lange in seine Bestandteile aufgelöst, ehe es im Klärwerk ankommt (siehe Sachinformation, S. 4). Streuen die Kinder es bei ihren Versuchen mit ein, so bleibt es in ihrem „Rechen" hängen – ein sachlich falsches Ergebnis. Man kann aber Toilettenpapier wie Pappmaché einige Tage vor den Versuchen auflösen: Wenige Blätter in kleine Stücke reißen, in reichlich Wasser einstreuen, umrühren. Dieser wässrige Brei eignet sich für die Station C 3. Er setzt sich dann teils ab, teils schwebt er. Für Station C 2 sind Materialproben vorgeschlagen, die tatsächlich im Klärwerk im Rechen hängen bleiben. Dabei ist an die Bestandteile von Windeln und Hygienartikeln gedacht worden, die natürlich nicht in die Toilette geworfen werden dürfen, dort aber versehentlich doch landen.

Station C 4: Kleinste Lebewesen helfen, Abwasser zu klären 40

Für unsere Abwasserklärung ist diese Stufe so entscheidend, dass auf eine Information über ihre Funktionsweise nicht verzichtet werden kann, auch wenn Schülerversuche nicht möglich sind.

Station C 6: Wohin mit dem Abwasser? 43

Dieses Leporello kann man erst dann verstehen, wenn man die grundlegenden Stationen zur Grundwasserbildung, Trinkwasserversorgung und Abwasserentsorgung bearbeitet hat. Wenn die Kinder dem Auftrag folgen und die Rohre ausmalen, machen sie eine wichtige Entdeckung: Das Wasser aus dem Klärwerk fließt in den Fluss und gerät (teilweise) wieder durch Versickern ins Grundwasser (Teilbild 2). Da nun das Wasserwerk Grundwasser fördert (Teilbild 3), schließt sich hier der Kreis. Das Schaubild gibt damit einen Anlass für ein interessantes Gespräch mit den Kindern.

Seite

Vorbemerkung zu den Stationen D 1, 2, 3 und 4

Diese Versuche sollen Freude machen, zum Staunen und zum Gespräch anregen, die Beobachtungsgabe und Geschicklichkeit schulen. Die physikalischen Erklärungen sind nicht Sache der Grundschule. Die Versuche D 1 und D 2 verdanken wir *veolia water*, einem internationalen Wasserversorger. Im Internet finden Sie seine Angebote unter: www.veoliawater.com.

Station D 1: Schwimmende Büroklammern? 45

Der Versuch gelingt leicht, wenn die Büroklammern trocken sind und auf das Papiertuch gelegt werden, solange es noch schwimmt. Nur so wird verhindert, dass die Oberflächenspannung beim Auflegen der Klammer zerstört wird. Die Klammern bleiben auf der Wasseroberfläche, weil die Wassermoleküle hier eine Spannung halten. Diese entsteht dadurch, dass die Teilchen an der Oberfläche sich nur seitlich und nach unten an andere binden können. Die tiefer liegenden Moleküle binden sich rundum.

Station D 2: „Eis am Stiel" 46

Eis schwimmt, obwohl es aus Wasser besteht. Es schwimmt, weil es eine geringere Dichte als Wasser hat. Eis nimmt mehr Raum ein als das Wasser, das in ihm gefroren ist. Die Kinder können das leicht nachvollziehen: Das Eis steht über den Rand des Eiswürfelbehälters, in den man das Wasser gegeben hat. Damit ist es „leichter". Interessant ist auch die Beobachtung, dass nur ein kleiner Teil des Eiswürfels aus dem Wasser ragt.
Das Holzstäbchen friert deshalb fest, weil mit dem Aufstreuen des Salzes die Eisoberfläche zunächst ein wenig anschmilzt: Es bildet sich eine kleine „Pfütze", in der das Holz liegt. Da nun aber der Eiswürfel im Vergleich zu dem Wasser viel größer ist, friert die „Pfütze" sofort wieder und schließt das Holz mit ein.

Station D 3: Die Münzen im Glas 47

Wo ein Körper ist, kann kein anderer sein: Die Masse der Münzen verdrängt das Wasser, dessen Menge dann sehr klar im Überlaufgefäß steht. Vorher ist aber noch etwas anderes zu sehen: Wie die Wasseroberfläche sich spannt und immer mehr wölbt (vergleiche Station D 1).

Station D 4: Die Wasserlupe 48

Zur Oberflächenspannung ist oben schon viel gesagt worden, hier spielt sie noch einmal eine Rolle, weil sie den Tropfen „zusammenhält", der auf der Münze steht. Er wirkt wie ein Vergrößerungsglas. Dass Tropfen immer bis zu einem bestimmten Maß zusammengehalten werden, kann man auch an jedem tropfenden Wasserhahn beobachten.

Einführung 1

K

Liebe Kinder,

können wir ohne Wasser leben? Können es die Tiere oder die Pflanzen?
Stimmt die Behauptung „Ohne Wasser kein Leben"? Sprecht darüber. Ihr wisst schon viel. Anderes werdet ihr beim Lesen und Experimentieren herausfinden.
Zum Beispiel werdet ihr zum Schluss erkannt haben, wie Grundwasser, Trinkwasser und Abwasser zusammenhängen. Mit den Stationsblättern arbeitet ihr am besten so:

❶ Sucht euch die Station aus (zu zweit geht es am besten),

❷ Lest den Text gründlich und
❸ vergleicht das Gelesene mit den Bildern. Besprecht, wie ihr vorgehen wollt.

❹ Holt das Material und

❺ bearbeitet die Aufgaben.

❻ Zum Schluss schreibt und zeichnet ihr in euer „Buch vom Wasser".
❼ Erst danach bringt ihr die Stationskarte und das Material zurück.

Ist euch eine Station besonders gut gelungen? Dann könnt ihr euch als „Experten" bei eurer Lehrerin melden. Vielleicht schreibt sie eure Namen auf das Stationsblatt. Dann wissen alle: Mit Fragen kann man zu euch kommen.
Außer den „Experten" für einzelne Stationen braucht eure Klasse noch zwei Betreuer für die Box. Sie passen auf, dass am Ende alle Geräte wieder trocken an ihrem Platz sind. Sie sorgen gemeinsam mit der Lehrerin auch dafür, dass folgende Materialien immer in der Klasse zur Verfügung stehen: Sand und Kies (beide gewaschen), schwarze Gartenerde („Humus"), Ton (Lehm), Öl, Spülmittel. Außerdem sollten immer Wischlappen und Tücher griffbereit sein, vielleicht auch eine Rolle Küchenpapier. Auf jeden Fall braucht ihr einen Eimer, in den man das Wasser nach den Versuchen schütten kann.
Denkt auch daran, dass ihr am Ende der Stunde noch Zeit zum Aufräumen braucht.

Viel Erfolg wünschen euch
Nicole Lüders-Barrie und Christian Hoenecke,
die Lehrer, die diese Stationsblätter geschrieben und mit ihren Klassen ausprobiert haben.

Übrigens: Ein K *auf einem Stationsblatt bedeutet, dass du eine Kopie von diesem Blatt brauchst.*

Einführung 2
Mein Buch vom Wasser

K

Schreibe dein eigenes „Buch“ über das Wasser.
Das Buch kann ein großes Heft oder ein Hefter sein.
Am Ende soll alles darin stehen,
was du über Wasser herausgefunden hast,
in der Schule und zu Hause.
Schreibe deine Versuche und Ergebnisse auf.
Fertige große Zeichnungen dazu an.
Klebe Arbeitsbogen und Bilder ein.
Kontrolliere aber alles. Dabei helfen dir zum Beispiel
die „Lösungsverstecke“. Du findest sie unten auf vielen
Stationsblättern.

Notiere zu jeder bearbeiteten Station:

- Datum
- Überschrift des Stationsblattes
- Partner

Übersicht über die Stationen

K

Bearbeitete Stationen kennzeichne ich immer mit einem ✔!

Einführung

- ☐ Einführung 1 Ein Brief
- ☐ Einführung 2 Mein Buch vom Wasser
- ☐ Übersicht über die Stationen

A Grundwasser

- ☐ 1 Wo bleibt das Regenwasser?
- ☐ 2 Der große Bodenarten-Test
- ☐ 3 Tief in die Erde gebohrt
- ☐ 4 Grundwasser ist sauber, wenn nicht …
- ☐ 5 Ein kleiner Wasserkreislauf
- ☐ 6 Wie das Wasser in den Boden hinein- und wieder herauskommt: Wir bauen einen Brunnen
- ☐ 7 Wie das Wasser in den Boden hinein- und wieder herauskommt: Wir basteln ein bewegliches Bild
- ☐ 8 Zu viel Wasser
- ☐ 9 Zu wenig Wasser

B Trinkwasser

- ☐ 1 Ohne Trinkwasser geht nichts – ein Memory-Spiel
- ☐ 2 Stellt das Wasserwerk Wasser her?
- ☐ 3 Wie kam/kommt das Trinkwasser früher/heute ins Haus?
- ☐ 4 Wer erzeugt den Wasserdruck?
- ☐ 5 Wo sind die Rohre?

C Abwasser

- ☐ 1 Was ist alles im Abwasser drin?
- ☐ 2 Wir versuchen, „Abwasser“ mit dem Rechen zu klären
- ☐ 3 Wir versuchen, Abwasser in einem „Absetz-Becken“ zu klären
- ☐ 4 Kleinste Lebewesen helfen, Abwasser zu klären
- ☐ 5 Im Klärwerk wird Abwasser geklärt
- ☐ 6 Wohin mit dem Abwasser?

D Spiele mit Wasser

- ☐ 1 Schwimmende Büroklammern?
- ☐ 2 „Eis am Stiel“
- ☐ 3 Die Münzen im Glas
- ☐ 4 Die Wasserlupe

Wo bleibt das Regenwasser?

K

Es hat geregnet. Alles ist nass. Auf dem Feld steht eine große Pfütze.
Unser Zeichner hat sich nun vorgestellt, man könnte den Boden wie eine Torte aufschneiden.

1. Dann könnte man Folgendes sehen:

2. Später sieht es dann so aus:

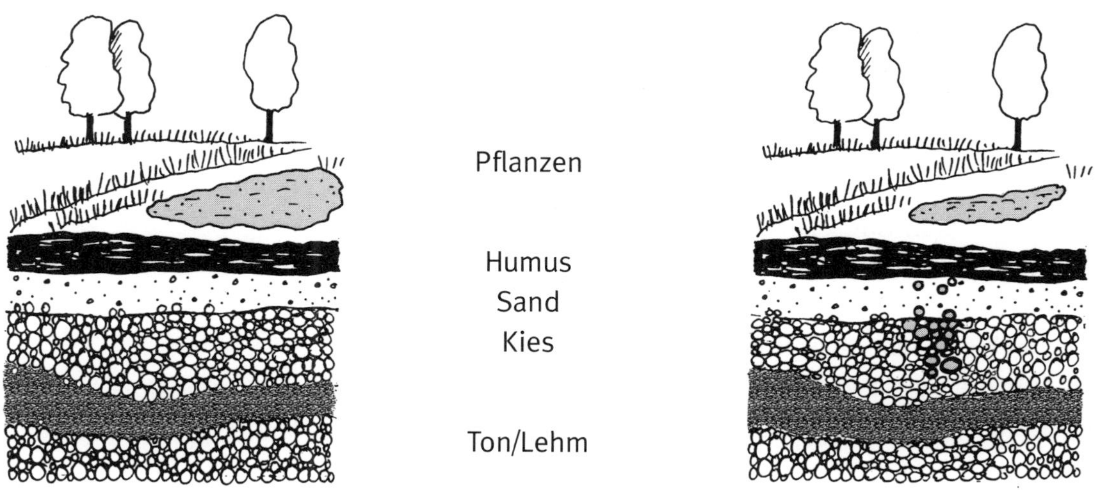

3. Und noch später:

4. Zum Schluss, wenn die Pfütze verschwunden ist:

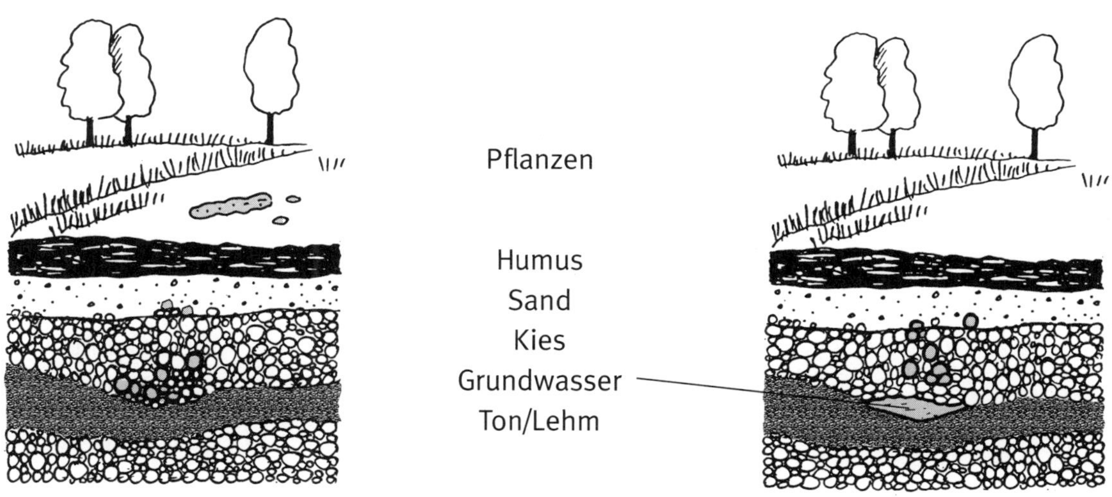

- Male das Wasser überall blau nach.
- Zeichen mit Pfeilen deutlich ein, was in Bild 2 und Bild 3 passiert sein muss.

Lösungsversteck: Ein großer Teil des Regenwassers verschwindet im Boden. Es versickert! Es sickert durch Humus, Sand und Kies und bleibt über dem Lehm stehen. Es staut sich. Es ist nun Grundwasser. Das müssen deine Pfeile zeigen! Ein Teil des Wassers in der Pfütze ist nach oben, in die Luft, gegangen. Es ist verdunstet. Du kannst dazu einen Versuch machen: A 5.

Der große Bodenarten-Test – Blatt 1: Versuchsvorbereitung

Hast du schon einmal im Garten ein tiefes Loch gegraben? Dann weißt du: Obenauf ist **schwarze Erde.** Die nennt man **Humus.** Etwas tiefer stößt man auf helleren **Sand,** später auf **Kies.** Das sind viele kleine Steine.
Noch tiefer findet man festeren Boden. Er fasst sich an wie Knete. Das ist **Lehm** oder **Ton.**

Hast du schon einmal am Strand ein Loch gegraben? Dann weißt du, dass es da keine schwarze Erde gab, aber viel feinen Sand. Und etwas tiefer vielleicht gröberen Sand oder Kies.
Oder lag der Kies am Strand oben?
Du siehst: Der Boden ist nicht überall gleich. Und außerdem kommen viele verschiedene Farben vor: Braun, Rot, Gelb – mal heller, mal dunkler.
Auch fast schwarze oder weiße Böden gibt es.

Eines aber steht fest: Es gibt verschiedene Bodenarten auf der Erde. Und wenn es regnet, kommt Wasser auf den Boden.

- Was passiert, wenn Wasser auf Kies, Lehm oder Ton, Sand und Humus trifft? Probiere es aus. Dazu brauchst du zuerst ein Gefäß. Die Bilder zeigen dir, wie man es aus den Teilen aus der Box zusammensetzt.

1.

2.

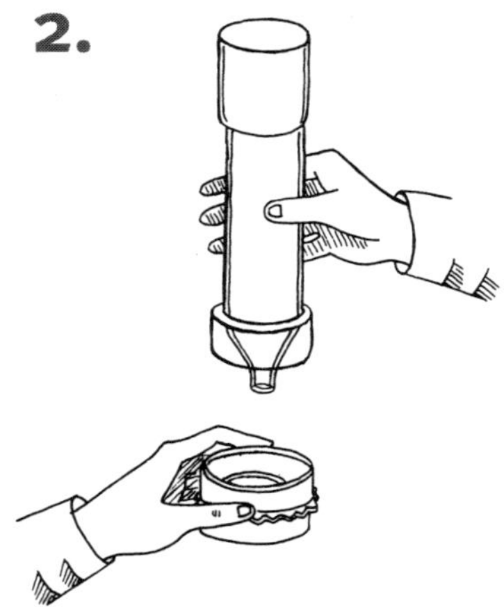

3.

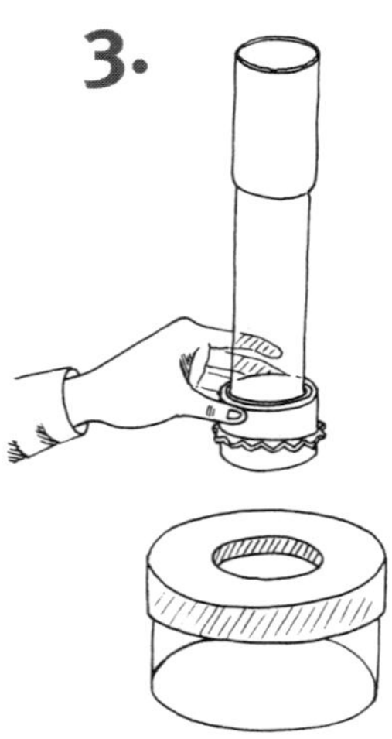

4. Das Sieb nicht vergessen!

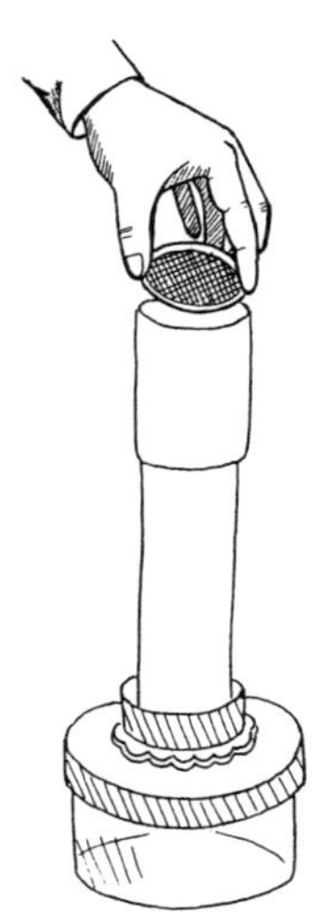

5. Fülle nun Sand, Kies, Humus oder Ton ein.

Der große Bodenarten-Test – Blatt 2: Versuchsdurchführung

1.
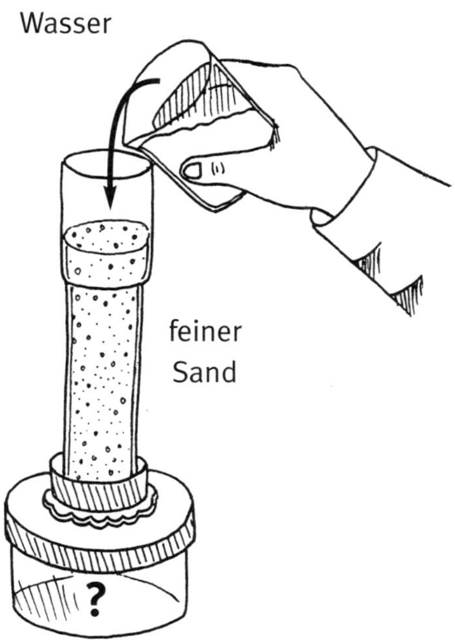

2.
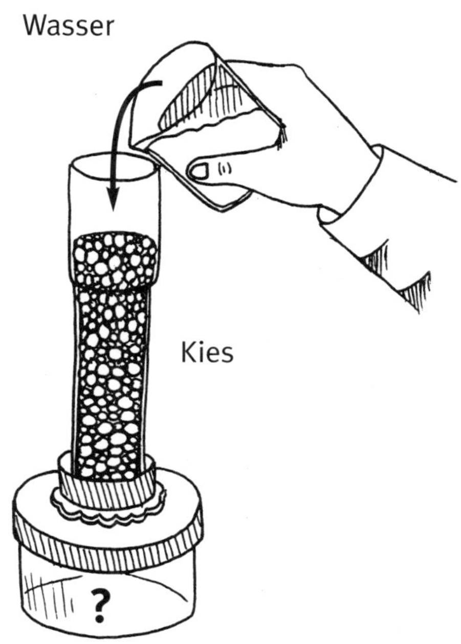

3.
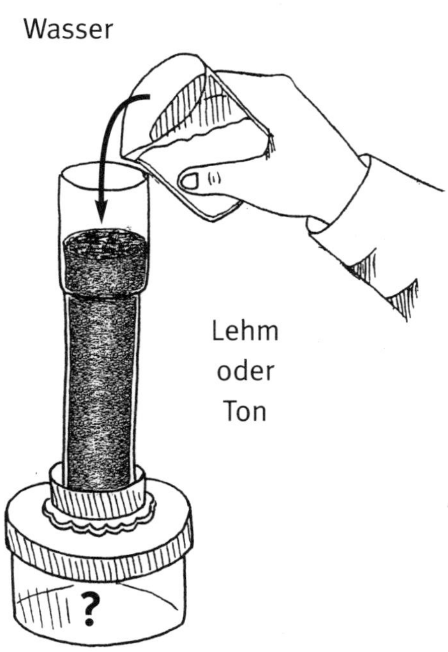

4.
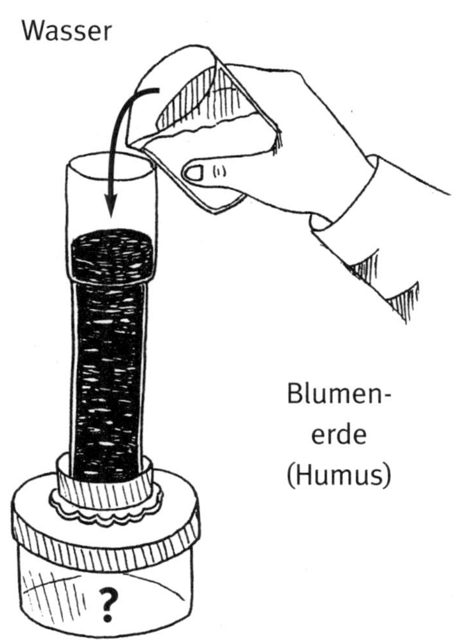

- Übertrage die vier Zeichnungen in dein „Buch vom Wasser“ – ohne die Hände. Zeichne jeweils ein, was mit dem Wasser passiert ist und wo es zum Schluss war.
- Schreibe deine Beobachtungen auf.

Lösungsversteck: Lehm oder Ton lässt das Wasser nicht durch. Er ist wasserundurchlässig, er staut das Wasser. Humus, Sand und Kies sind wasserdurchlässig.

Tief in die Erde gebohrt

Will man einen Brunnen bauen, muss man tief in die Erde bohren. Dabei stößt man auf unterschiedliche **Bodenschichten.** Das können sein: **Humus, Sand, Kies, Lehm** oder **Ton** und **Stein.** Nicht überall kommen alle Arten vor. Sie liegen auch nicht überall in dieser Reihenfolge.

- Stecke aus den vier Rohren, mit denen in A 2 die Bodenarten getestet wurden, einen „Turm“ zusammen:
- Gieße vorsichtig Wasser auf die obere Bodenschicht. Beobachte.

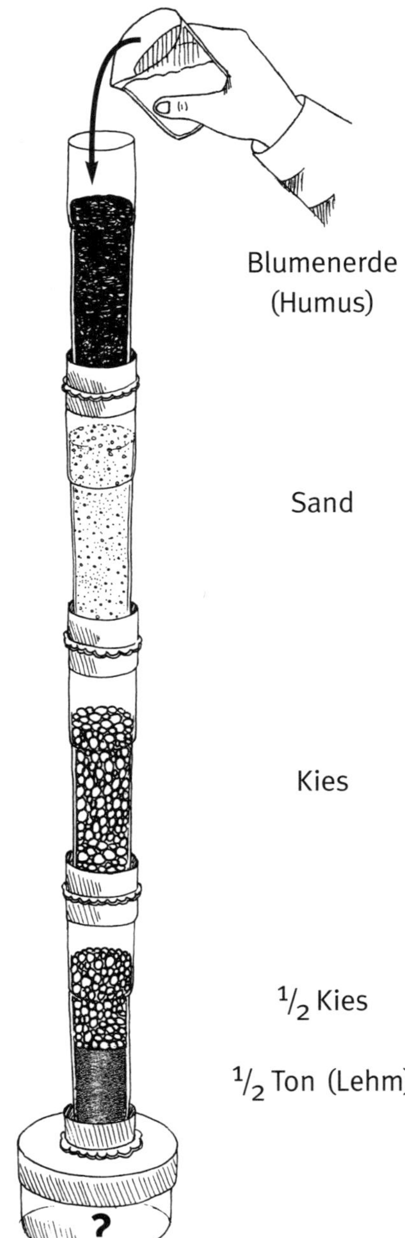

- Zeichne den „Turm“ ab und zeichne ein, was du beobachtet hast.
- Schreibe deine Beobachtungen auch auf.
- Ordne die Rohre anders an, zum Beispiel: den Ton über dem Kies. Beim Umordnen der Rohre musst du vorsichtig sein. Achtung: Wasser!

Lösungsversteck: Das Wasser bleibt über dem Ton (Lehm) stehen. Es staut sich dann in dem Kies oder Sand, der darüber ist. Ton (Lehm) ist wasserundurchlässig.

Grundwasser ist sauber, wenn nicht ... – Blatt 1

Wenn es regnet, verschwindet das meiste Wasser in den Wäldern, Parks und Gärten und auf den Feldern im Boden. Man sagt: Es versickert. Das dauert oft sehr lange. Wo es nicht mehr weiterkommt, staut es sich im Boden. Statt „Boden“ kann man auch „Grund“ sagen, und das gestaute Wasser nennt man „Grundwasser“. Grundwasser ist sauberes Wasser, wenn nicht ... Das kannst du ausprobieren.

- Mixe ein wenig Blumenerde (Humus) und viel Wasser. Lass es durch eine Kiesschicht laufen. Vergleiche das Wasser, das durch den Kies gelaufen ist, mit dem Mix im Becher.

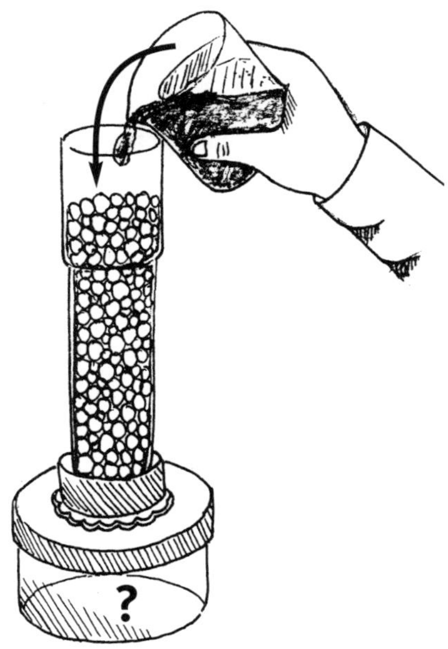

- Gib einen Spritzer Spülmittel in das Wasser und lasse es wieder durch die Kiesschicht laufen.

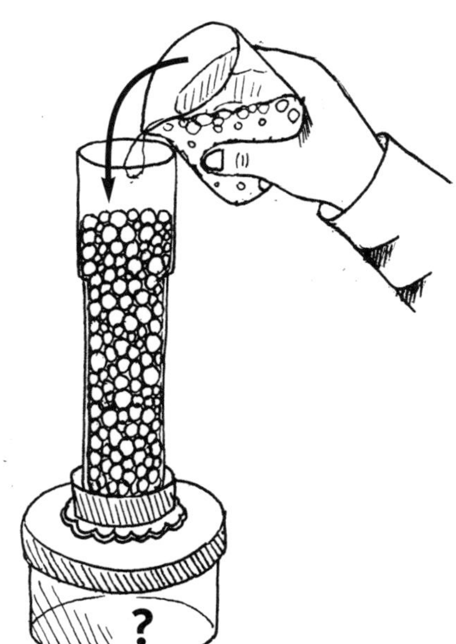

Es gibt übrigens einen einfachen Trick, um festzustellen, ob Spülmittel im Wasser ist ... mit einem Strohhalm.

Grundwasser ist sauber, wenn nicht ... – Blatt 2

- Erprobe nun dies:
  Deine Lehrerin hat Farbe in Wasser aufgelöst.
  Ob der Kies die Farbe wohl zurückhält?

- Versuche es auch mit Salz:
  Dazu brauchst du Salzwasser und sauberen Kies. Am besten nimmst du frischen Kies.
  Spüle ihn so:

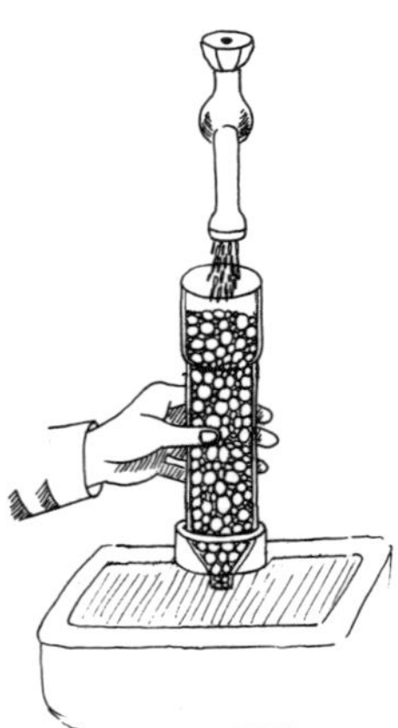

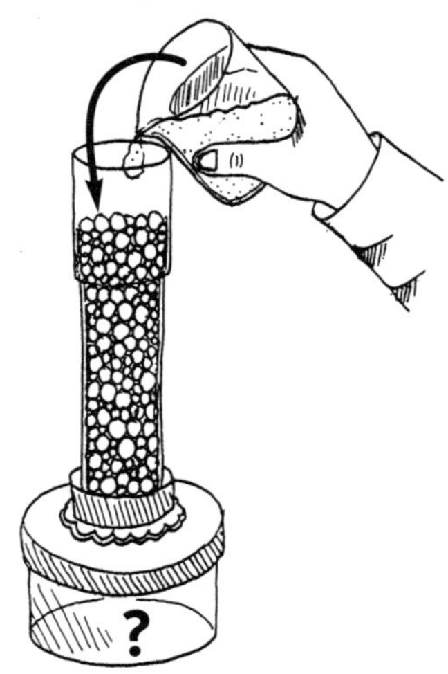

- Tauche deinen Finger in das Wasser und probiere, ob es salzig schmeckt.
  Ist dir der Kies dabei zu eklig? Dann kannst du das Salzwasser ausnahmsweise statt durch den Kies-Filter auch durch einen Kaffee-Filter laufen lassen. Wie schmeckt es vorher und wie hinterher? Ein Kaffee-Filter hat eine ähnliche Wirkung wie ein Kies-Filter. Natürlich weißt du, dass das Grundwasser in der Erde nicht durch einen Kaffee-Filter sickert.
- **Mach nun den gleichen Versuch auch noch mit Öl.**
- Schreibe den folgenden Satz in dein Heft und ergänze ihn dabei:
  Grundwasser ist sauber, wenn nicht zum Beispiel Folgendes hineingeraten ist:

____

Lösungsversteck: Farbe, Öl, Salz und Spülmittel. Sie werden vom Kies nicht zurückgehalten.

Ein kleiner Wasserkreislauf

Füllt in ein Schälchen **ein wenig** Wasser:

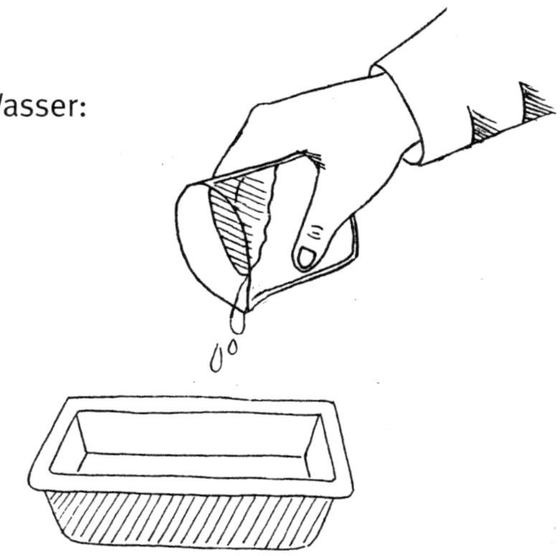

Deckt es mit einem trockenen zweiten Schälchen genau zu:

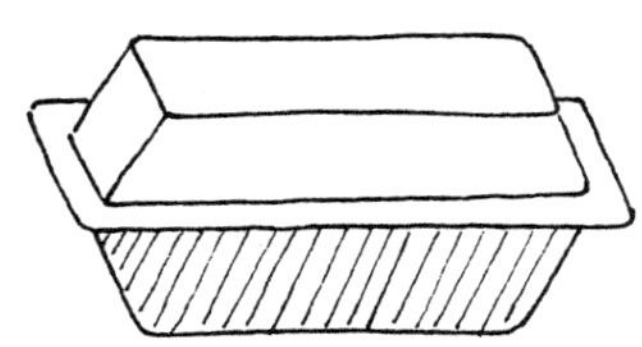

Was meint ihr:
Was wird morgen unter dem oberen Deckel zu sehen sein?
Baut den Versuch auf und schreibt eure Voraussage auf einen Zettel.

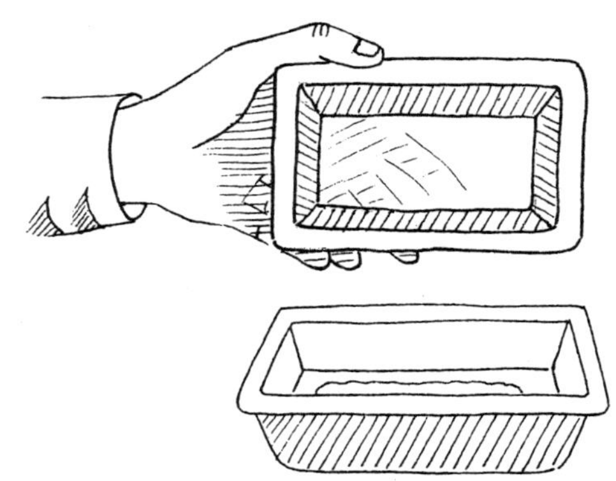

Lösungsversteck: Nach einiger Zeit bilden sich am oberen Deckel Wassertropfen. Teile des Wassers gehen nämlich in die Luft im Schälchen über und sammeln sich da, wo sie nicht weiterkommen: am Deckel.

Wie das Wasser in den Boden hinein- und wieder herauskommt
Wir bauen einen Brunnen – Blatt 1

Erstens: Wo ist das Grundwasser? Ein Versuch in Gedanken:

- Eine Klasse hat in einem Aquarium verschiedene Bodenarten aufgeschichtet und es dann ein wenig „regnen“ lassen.
  Dann haben die Kinder überlegt: Wenn wir nun in dem Aquarium einen Brunnen bauen wollten: Wo müsste er am besten hin?
  Ihre Meinung war: Der Brunnen muss da gebohrt werden, wo sich das meiste Grundwasser sammelt.
- An welcher Stelle läuft das Grundwasser zusammen? Zeigt sie.

Danach haben die Kinder den Brunnen wirklich bauen wollen.
Dazu haben sie folgende Vorbereitungen getroffen:

Eine Toilettenpapierrolle

a) Rolle bis zur Mitte einschneiden.

b) Rolle halbieren.

c) Die eingeschnittene Hälfte glatt auf einen Stapel Papier legen, mit einem Piker mit Löchern versehen und wieder zu einer Röhre zusammenkleben, die in die andere hineinpasst.

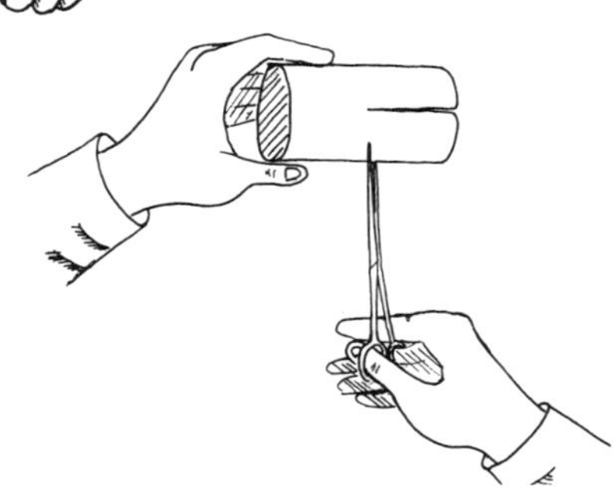

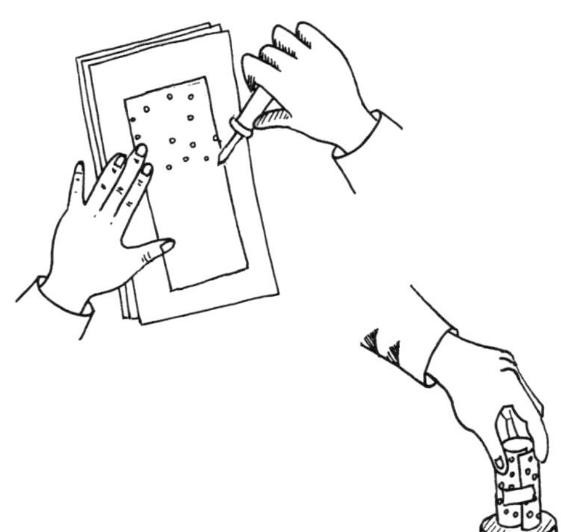

Wie das Wasser in den Boden hinein- und wieder herauskommt
Wir bauen einen Brunnen – Blatt 2

Zweitens: Wie kommt man an das Grundwasser?

- Versuche, mit dem Löffel ein Loch bis auf den Boden zu graben: Geht das?

- Versuche es nun mit den beiden Rohren von Seite 1! Drücke das dickere Rohr (das ist das ohne die Löcher) leicht auf den Boden. Schaufele den Kies aus der Mitte des Rohrs. Drücke dabei weiter leicht auf das Rohr. Schaufle weiter – bis du den Boden erreicht hast.

- Wenn das Loch tief genug ist, setzt du das dünnere Rohr hinein.

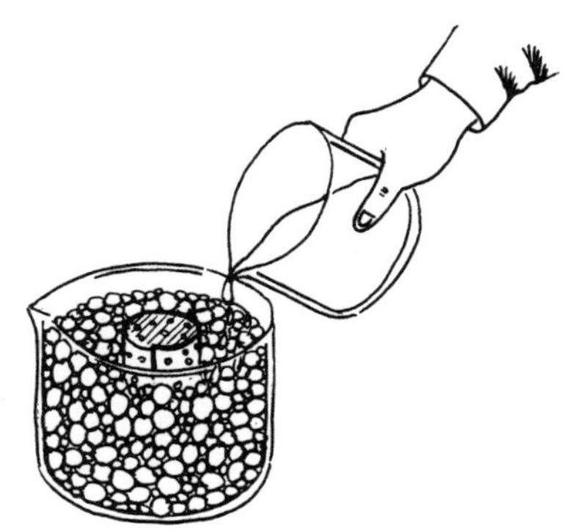

- Zieh nun das erste Rohr wieder heraus. Fülle neben dem Brunnen vorsichtig Wasser in den „Boden“. Wenn wir jetzt einen passenden kleinen Eimer hätten oder eine Pumpe …
- Schreibe den Text des „Lösungsverstecks“ in dein Heft.

Lösungsversteck: *Wer einen Brunnen bauen will, muss wissen, wo sich das Grundwasser sammelt. An dieser Stelle bohrt er ein Rohr in den Boden. Aus dem Rohr schaufelt er alles heraus. Bis zum Grundwasser. Zum Schluss kommt ein etwas dünneres Rohr hinein. Das Bohr-Rohr wird wieder hochgezogen. Aus dem Brunnenrohr kann man dann das Wasser hochziehen (wie früher, mit Eimern) oder -pumpen.*

Wie das Wasser in den Boden hinein- und wieder herauskommt II
Wir basteln ein bewegliches Bild – Blatt 1

Wenn man den Erdboden senkrecht aufschneiden könnte, würde man das Grundwasser erkennen. Mit unserem Drehbild kann man dreierlei sehen:

- wie das Wasser in den Boden kommt,
- wie es durch eine Quelle wieder ans Tageslicht tritt,
- wie man es hochpumpen kann.

Bauanleitung:

1. Schneide aus der Kopie von Seite 2 das eckige Bild aus.
2. Schneide die vier Fenster aus.
3. Schneide das runde Bild aus.
4. Stich zuerst mit einer Musterbeutelklammer ein Loch durch das Kreuz in dem einen und dann in dem anderen Bild.

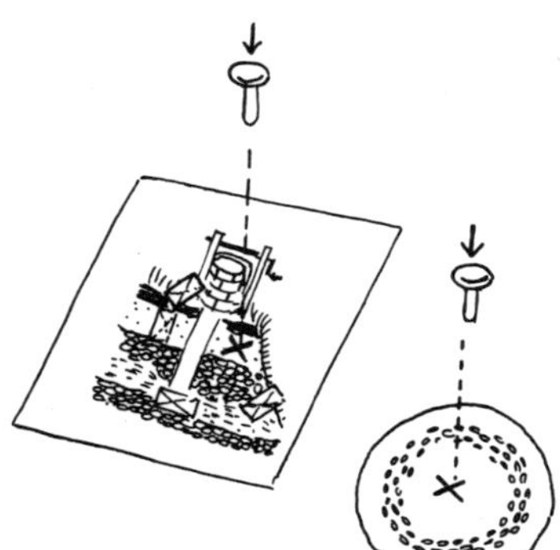

5. Stecke die Klammer durch beide Bilder.

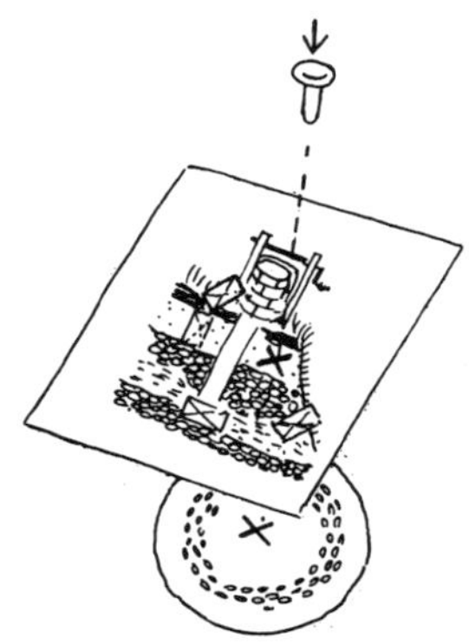

6. Biege die Klammer um …

… Fertig! Erkläre dein Bild anderen. Sprecht auch darüber, ob zuerst die Quelle versiegt oder der Brunnen kein Wasser mehr gibt.

Lösungsversteck: Die Quelle versiegt zuerst. Der Brunnen gibt so lange Wasser, wie Grundwasser in der Vertiefung steht.

Wie das Wasser in den Boden hinein- und wieder herauskommt II
Wir basteln ein bewegliches Bild – Blatt 2

K

Blumenerde

Sand

Kies

Ton/Lehm

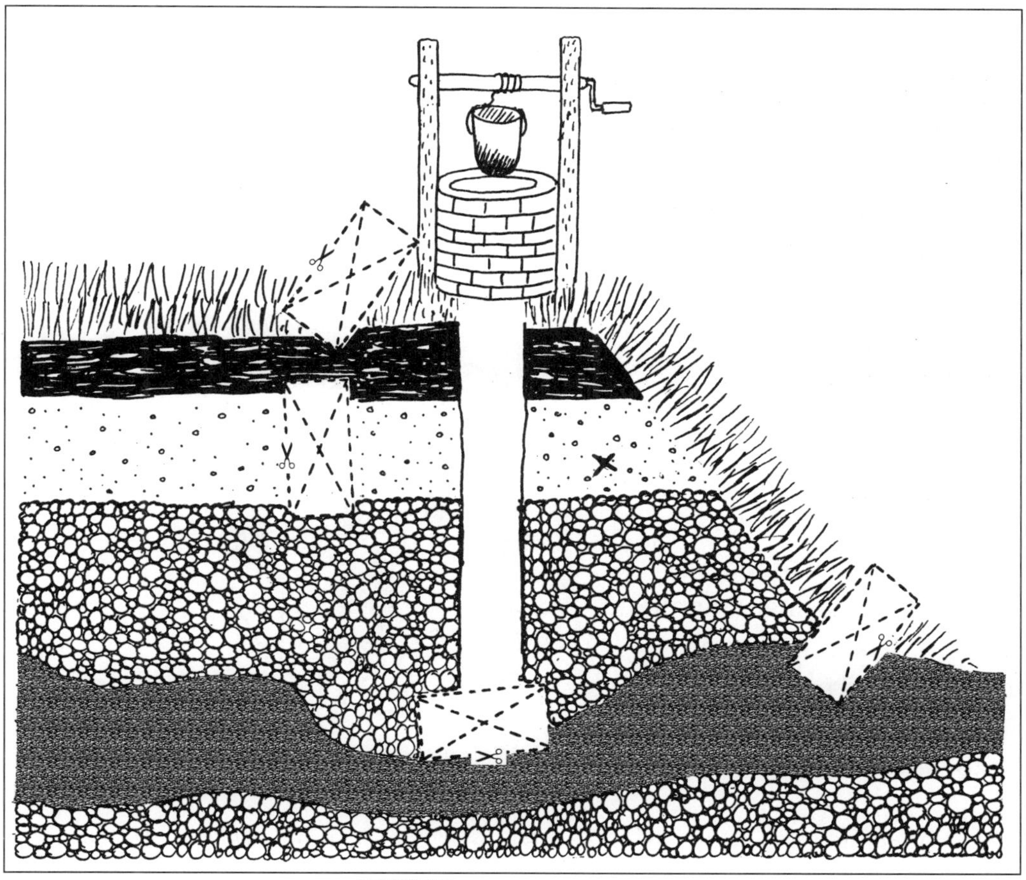

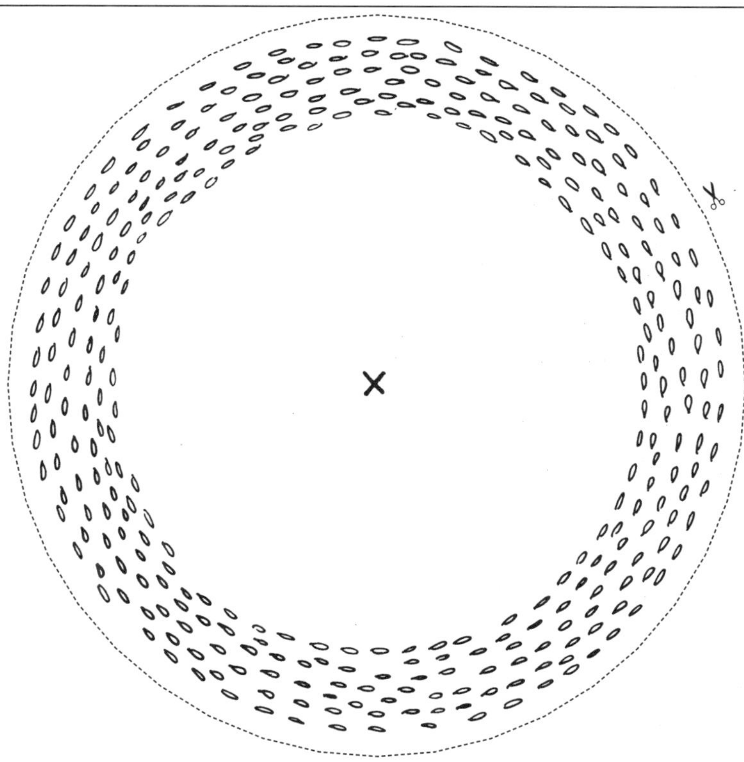

Zu viel Wasser – Blatt 1

Tharandt (Sachsen), im November 2002

Ich heiße Elisabeth und bin 11 Jahre alt. Bis zum 12. August haben meine Eltern, meine beiden Geschwister und ich in diesem Haus gewohnt:

Ich hatte ein eigenes Zimmer im Dachgeschoss. Seine Fenster könnt ihr sehen. Ich habe A danebengeschrieben. Darunter war unser Wohnzimmer (B) und daneben die Küche (C). Links davon waren das Bad (D) und das Schlafzimmer meiner Eltern (E). Unseren Balkon kann man auf dieser Zeichnung nicht sehen, er ist auf der anderen Seite gewesen (F).

Hinter unserem Haus seht ihr einen kleinen Fluss. Er heißt Weißeritz und ist 15 Meter hinter dem Haus. Die Weißeritz hat im Sommer oft nur ganz wenig Wasser. Ich kann fast darüber hinwegspringen.
Hinter der Weißeritz geht ein Waldgrundstück bergauf. Ich habe gern in diesem Haus gewohnt. Ich habe es besonders geliebt, weil ich darin groß geworden bin. Ich konnte mir gar nicht vorstellen, einmal anderswo wohnen zu müssen. Ihr habt schon gemerkt: Unser Haus gibt es nicht mehr. Wie es dazu gekommen ist?
Ungefähr am 5. August hat es im Erzgebirge angefangen zu regnen und nicht wieder aufgehört. Das ist nicht sehr weit von uns, aber wir haben uns nichts bei dem Regen gedacht. Dann hörten wir von Überschwemmungen und sahen sie auch im Fernsehen.
Am 12. August fing es auch bei uns an zu regnen. Die Feuerwehr fuhr herum und warnte uns: Das Wasser der Weißeritz wird um einen Meter steigen!
Meine Eltern haben gedacht, dass das Wasser dann in unseren Keller kommt. Sie haben die wichtigen Sachen aus dem Keller nach oben gebracht. Mutti hat mich und meine Geschwister zu unseren Großeltern gefahren. Zur Sicherheit, wegen des Wassers, hat man uns gesagt.
Ich habe nur ein paar Sachen zum Anziehen und mein Radio mit einigen Kassetten mitgenommen. Wir dachten, dass wir am nächsten Tag wieder in unser Haus können.
Aber das Wasser aus der Weißeritz stieg und stieg.
Zuerst stand es 3 m hoch. Dann stieg es schnell auf 4 m.
Von 4 m bis 5 m ging es langsamer. Ich habe die Meterzahlen an meine Zeichnung geschrieben.

Zu viel Wasser – Blatt 2

Wir waren zu spät gewarnt worden. Meine Eltern hatten viele wichtige Sachen in das Dachgeschoss geräumt, also auch in mein Zimmer. Sie haben auch unsere Vögel dahin gebracht. Aber es hat nichts geholfen.
Plötzlich hat das Hochwasser die Rückseite von unserem Haus weggespült, und dann ist es zusammengebrochen. Das Dach ist ein Stück weit geschwommen. Unsere Nachbarn haben mein kleines Dach mit den Fenstern noch gesehen, ehe es untergegangen ist.
Als das Wasser nach 2 Tagen zurückgegangen war, gab es nur noch unseren Vorgarten. Auch das Haus von unseren Nachbarn stand nicht mehr da.

Ich kann es immer noch nicht verstehen. Auch die Erwachsenen nicht. Sie sagen, so schlimm war das Hochwasser noch nie. Selbst sehr alte Leute, die schon immer hier wohnen, haben so etwas noch nicht erlebt. Mutti hat mir erklärt:
Das viele Regenwasser wurde früher von den Wäldern aufgehalten. Dort versickerte es und floss langsam zu den Flüssen. Es gibt aber immer weniger richtigen Wald.
Auch die Flüsse können das viele Wasser nicht wie früher aufnehmen, weil ihre Ufer jetzt mit Steinen eingefasst sind. So leiten sie es ganz schnell zu Talsperren. Wenn sie zu voll sind, fließen sie über. Dann wird die kleine Weißeritz zu einem großen Fluss.
Wir konnten nichts mehr retten.

Aufgaben:

- Elisabeth sagt, wie hoch das Wasser gestanden hat. Messt in eurem Klassenzimmer aus, wie hoch 1 m und 2 m sind. Bis wohin würde das Wasser in eurer Klasse bei 3 m reichen?
- Elisabeth hat nicht gesehen, wie es im Haus aussah, als das Wasser so hoch stand. Niemand hat es gesehen. Sprecht darüber, wie es im Wohnzimmer oder in der Küche ausgesehen haben könnte. Denkt daran, dass Elisabeth sehr traurig ist.
- Tragt der Klasse Elisabeths Bericht frei vor.
  Fertigt dazu eine einfache, aber große Zeichnung an: Man soll darauf ein einfach gezeichnetes Haus sehen und das Wasser, als es am höchsten stand. Zeichnet auch den Boden aufgeschnitten. Die Abbildungen aus den Stationen A 1 und A 5 helfen.

Zu wenig Wasser – Blatt 1

Zwei Kinder bekommen Post von ihren afrikanischen Brieffreunden.

- Lies zunächst beide Briefe!

Lieber Paul!
Danke für deinen Brief. Hier ist eine Landkarte von Afrika. Mein Land Kenia ist angekreuzt.
Bei dir kommt das Wasser aus Wasserhähnen in der Wand? Das ist ja toll! Für meine Familie hole ich das Wasser vom Marktplatz. Dort gibt es einen Brunnen für die Bewohner unseres Stadtviertels. Ich gehe frühmorgens mit einem Eimer Wasser holen. Das Wasser trage ich im Eimer auf meinem Kopf nach Hause. Ich schleppe nicht nur einmal Wasser am Tag. 10 Liter – ein Eimer voll – reichen nicht! Ich hole mindestens sechs Mal täglich Wasser. Wir brauchen das Wasser zum Trinken, zum Waschen, zum Kochen und für unser Vieh. Manchmal ist das Wasser nicht trinkbar.

Viele Grüße deine Fatmata [9 Jahre]

- Trage den Inhalt des Briefes deiner Klasse vor!
- Frage deine Zuhörer zum Beispiel: „Was meint ihr: Warum gibt es kein Wasser in Fatmatas Wohnung?“ Tipp: Um gute Fragen zu stellen und selbst auch die Antworten zu wissen, lies das zweite Blatt dieser Station.

Liebe Lisa!
Ich wohne in einem Dorf im Senegal. Du willst wissen, was ich so mache.
Also: Morgens um fünf Uhr stehe ich auf, nehme einen Eimer und laufe los. Ich muss zwei Stunden lang über Land gehen und laufe sechs Kilometer. An der Wasserstelle fülle ich Wasser in meinen Eimer. Danach gehe ich wieder zurück. Das ist sehr anstrengend, denn hier ist es heiß und trocken. Und das Wasser ist so schwer!
Gestern standen viele Leute an der Wasserstelle an. Als ich die lange Schlange sah, dachte ich und fühlte *(Der Brief ist nass und die Schrift unlesbar. Was stand im Brief? Ergänze in Gedanken!)* Letztens gab es einen Sandsturm. Als ich an der Wasserstelle ankam, war kein Wasser im Brunnen. Als ich den leeren Brunnen sah, war ich *(Was stand im Brief?)* Einmal habe ich schlechtes Wasser getrunken. Ich wurde sehr krank. Das war schlimm!

Viele Grüße Mariama [10 Jahre alt]

- Trage den Inhalt des Briefes der Klasse vor!
- Frage deine Zuhörer, was sie meinen, warum das so ist. Zum Beispiel: „Warum ist der Brunnen leer?“ und „Warum gibt es kein Wasser im Dorf?“
  Tipp: Damit du gut Bescheid weißt, lies das zweite Blatt.

Zu wenig Wasser – Blatt 2

In der Schule in Senegal

4. Klasse, Sachunterricht, Thema: Wasser

Mariama: „Warum müssen wir eigentlich Wasser schleppen?!"

Lehrer: Wasserleitungen zu legen ist teuer. Unser Land ist arm.
Manche Wasserleitungen sind alt und kaputt. Sie werden nicht repariert.

Mariama: Warum?

Lehrer: Es fehlen die Maschinen und die Menschen mit dem Fachwissen.
Außerdem sind Bohrungen nach Grundwasser sehr teuer.

Mohamed: Warum haben wir so wenig Wasser ?

Lehrer: Unser Land, der Senegal, ist sehr trocken. Es regnet viel zu wenig. **Ohne Regenwasser gibt es aber kein Grundwasser. Vorhandenes Grundwasser sinkt tief in die Erde ab. Nach diesem Wasser zu bohren ist unbezahlbar. An manchen Orten im Land gibt es gar kein Grundwasser. Dann gibt es auch kein Trinkwasser.**

Mohamed: Aber wir wohnen doch am Meer. Da ist doch Wasser!

Adams: Du bist ja doof! Salzwasser kann man doch nicht trinken!

Lehrer: Das ist eine sehr gute Idee von Mohamed. Es gibt nämlich Maschinen, um Meerwasser zu entsalzen. Aber diese Maschinen sind für unser Land auch unbezahlbar.

- Ihr wisst jetzt vieles über die schlechte Trinkwasserversorgung in vielen Ländern Afrikas.

■ Auftrag 1: Ein kräftiger Schüler soll Wasserträger spielen. Dazu trägt er einen mit Wasser gefüllten Eimer einige Runden auf dem Schulhof. **Achtung:** Der Schüler trägt den Eimer in der Hand am Henkel! Danach berichtet er vom Wassertragen.

■ Auftrag 2: In Deutschland verbraucht eine Person täglich etwa 130 Liter Wasser. Wie viel mal müsste Mariama zur ihrer Wasserstelle laufen, um so viel Wasser zu holen?

■ Auftrag 3: Hat jemand aus eurer Klasse ein Fahrrad mit Kilometer-Anzeige? Dann soll dieser Schüler die Entfernung von 6 km ausmessen und in der Klasse berichten …

Ohne Trinkwasser geht nichts – ein Memory-Spiel – Blatt 1

K K

- Schneidet die Kärtchen aus.
  Mit den Kärtchen könnt ihr jetzt Memory spielen. Es reicht hier aber nicht aus, zwei gleiche Bilder zu finden.
- Beim Aufdecken muss der zu dem Bild passende Satz gesagt werden, zum Beispiel: „Ohne Trinkwasser kann ich nicht duschen!“ Wer ein passendes Bilderpaar aufdeckt und den passenden Satz sagt, darf das Bilderpaar behalten.

Ohne Trinkwasser geht nichts – ein Memory-Spiel – Blatt 2

K K

Stellt das Wasserwerk Wasser her? – Blatt 1

K

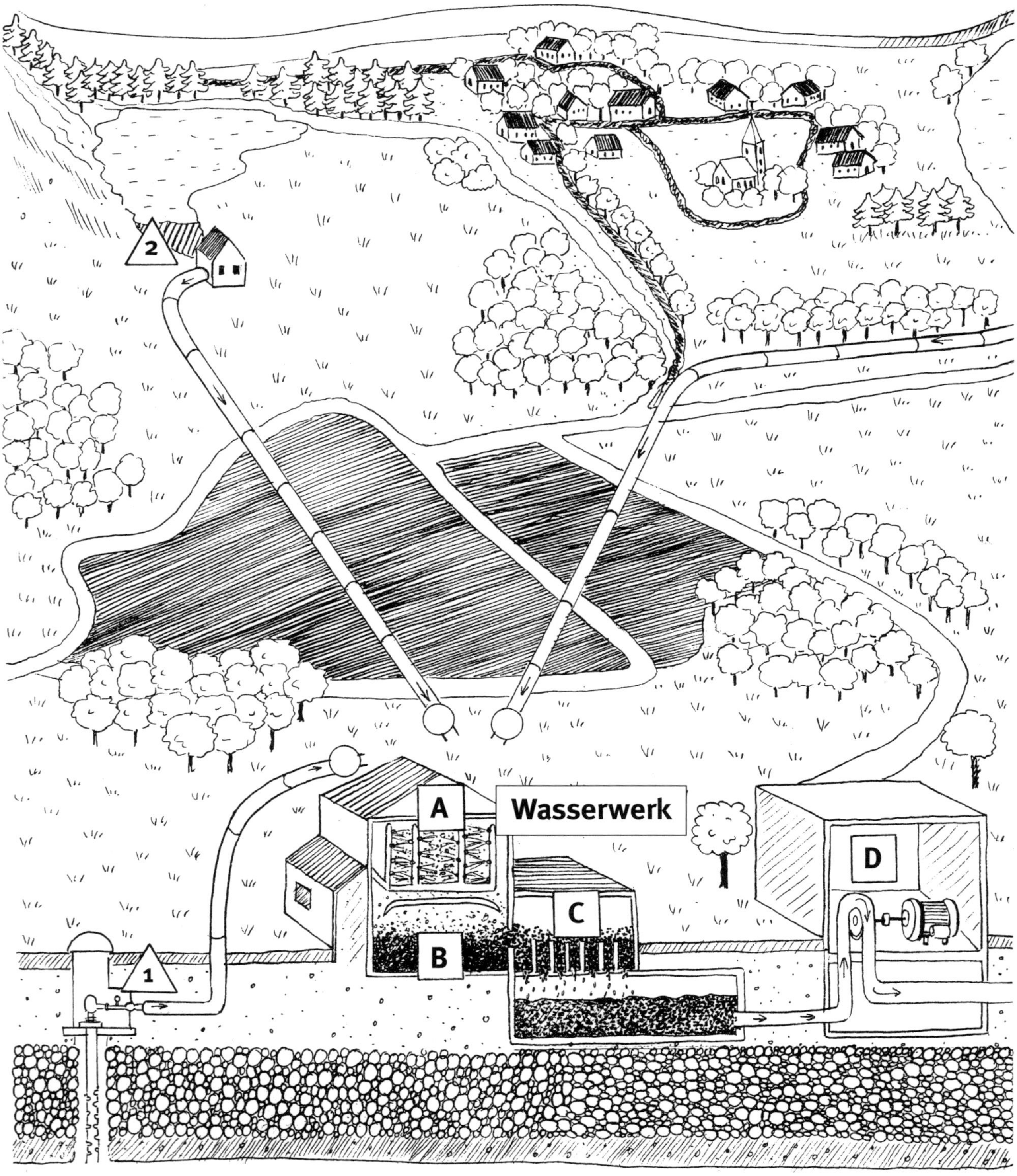

A Im Wasserwerk wird das Wasser zuerst (wie unter der Dusche) versprüht.

B Dann wird es in einem Becken gesammelt.

C Es fließt dann durch eine Kiesschicht.

D Zum Schluss pumpt man es direkt in die Häuser oder zuerst in einen Hochbehälter

E, aus dem es dann in die Häuser fließt.

Stellt das Wasserwerk Wasser her? – Blatt 2

K

Bitte hier mit Klebstoff versehen und Blatt 1 und 2 zu einem Bild zusammenkleben.

Stellt das Wasserwerk Wasser her? Die Antwort lautet: Nein. Das Wasserwerk bekommt das Wasser – man nennt es „Rohwasser“ –

- entweder aus dem Boden (Grundwasser) △1
- oder von einem Stausee (gestautes Wasser aus einem Fluss und aus Quellen) △2
- oder aus einem See △3 und dem Wasser, das aus ihm in den Boden versickert.

An manchen Orten muss man das Rohwasser auch mischen, weil es sonst nicht reicht, z. B. aus dem Grundwasser und aus einem See.

■ Klebe aus Blatt 1 + 2 ein großes zusammen.

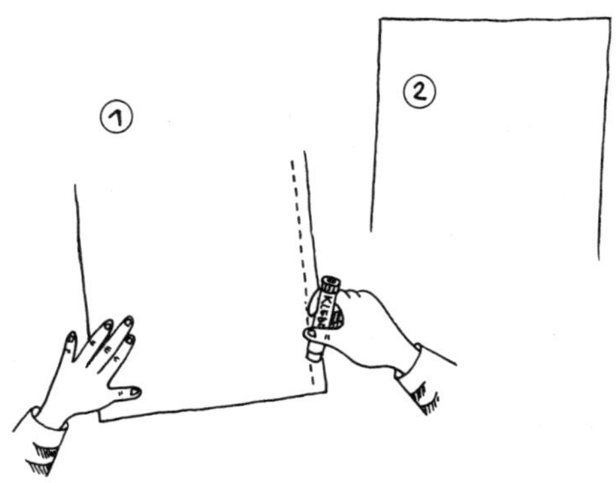

Hier falten: So passt das Blatt in deinen Hefter.

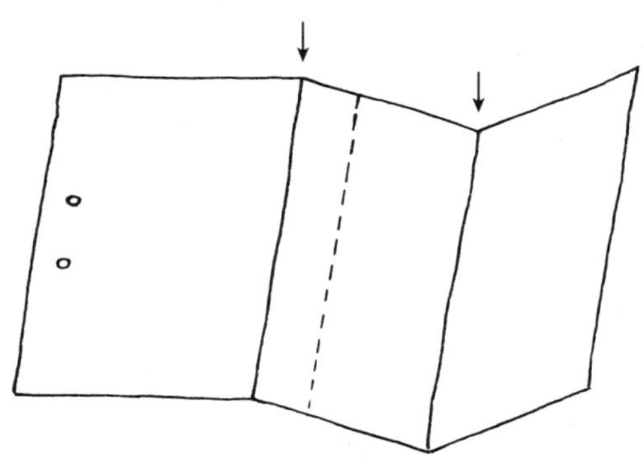

■ Aufgabe 1: Frage deine Lehrerin, woher euer Wasserwerk sein Wasser bekommt. Verbinde das Wasserwerk mit dem Rohr (1 oder 2 oder 3), das für euren Ort passt. Male nun den Weg eures Wassers vom Anfang bis zum Ende blau aus.

Wie kam das Trinkwasser früher ins Haus? Wie kam es wieder heraus? – Blatt 1

K

Arbeitet an dieser Station zu zweit. In beiden Zeichnungen findest du ein Kind. Bei dem einen steht „Kind A“, bei dem anderen „Kind B“. Du bist Kind B, dein Partner A.

- Stell dir vor, du (Kind B) kannst das Kind A besuchen, das vor etwa 200 Jahren gelebt hat. Ihr geht beide die alte Straße entlang und auch in die Häuser links hinein. Kind A zeigt und erklärt dir alles, was mit Wasser zu tun hat.

Wie kommt das Trinkwasser heute ins Haus? Wie kommt es wieder heraus? – Blatt 2

K

- Dann geht ihr in die Gegenwart, und du erzählst, wie das Wasser heute ins Haus kommt, benutzt und weitergeleitet wird.
- Spielt dieses Gespräch auch der Klasse vor. Bittet eure Lehrerin dazu um eine Folie von diesem Bild und den Projektor – oder um eine Vergrößerung auf Papier. Dann können eure Zuhörer mit den Augen im Bild spazieren gehen.

Klebe aus Blatt 1 + 2 ein großes zusammen.

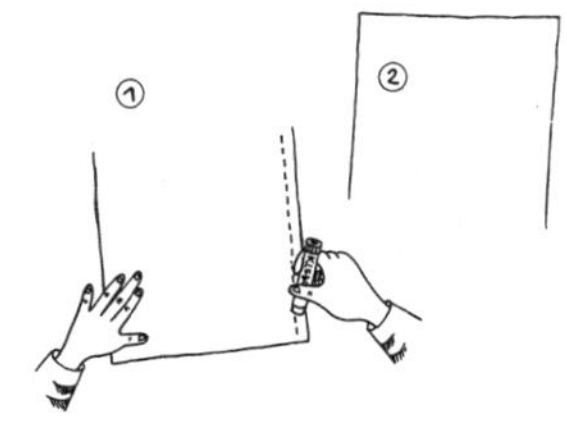

Hier falten: So passt das Blatt in deinen Hefter.

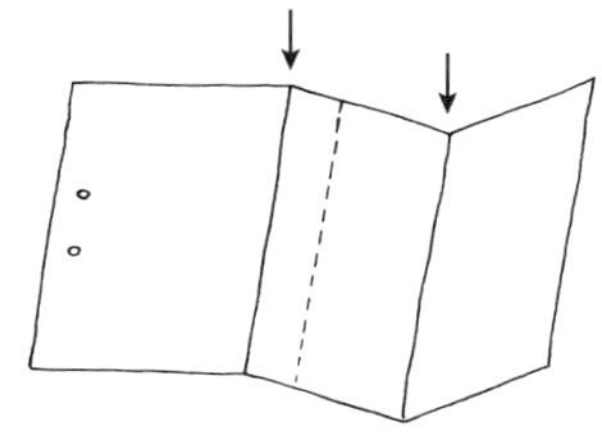

Bitte hier mit Klebstoff versehen und Blatt 1 und 2 zu einem Bild zusammenkleben.

Wer erzeugt den Wasserdruck? Wie kommt das Wasser in die Häuser? Blatt 1

K

Das Trinkwasser wird im Wasserwerk durch starke Pumpen in die Wasserleitungen gedrückt. Diese Pumpen werden elektrisch betrieben. Sie funktionieren ganz ähnlich wie eure Waschmaschine, wenn sie die Wäsche schleudert. So können sie aussehen.

An manchen Orten drücken die Pumpen das Wasser in einen riesigen Behälter, der hoch steht. Man nennt diese Behälter Hochbehälter oder Wassertürme. Sie sehen ganz unterschiedlich aus. Auf unseren Abbildungen findest du dieses Modell.

Um die Wassertürme (Hochbehälter) zu verstehen, könnt ihr die folgenden Versuche machen. Zeichnet genau ein, wie das Wasser im Schlauch stand.

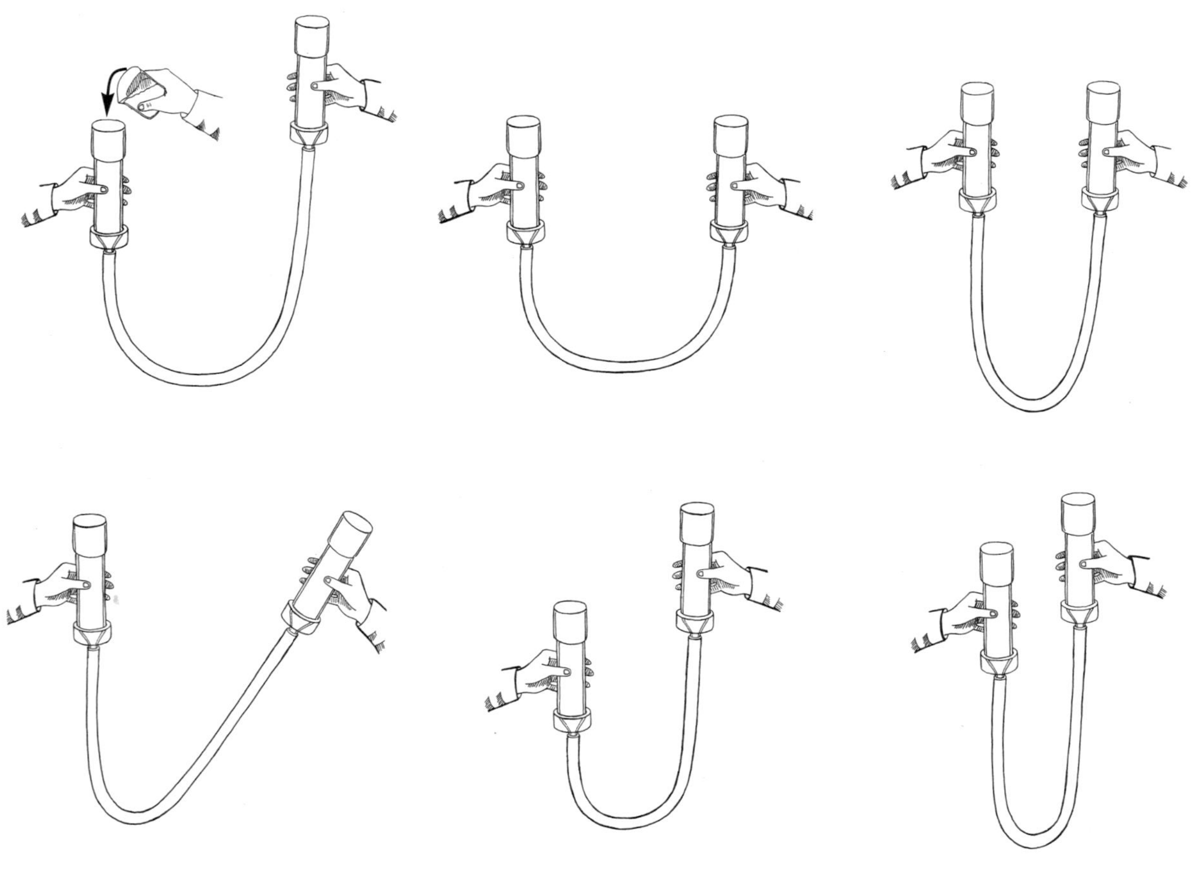

... und weiter geht es auf Blatt 2!

Wer erzeugt den Wasserdruck? – Blatt 2

K

Wassertürme

Da, wo es Wassertürme gibt, kann das Wasserwerk die Behälter nachts ganz langsam vollpumpen. Hochbehälter speichern unglaublich viel Trinkwasser. Und wenn dann z. B. morgens alle etwa zur gleichen Zeit aufstehen und ins Badezimmer gehen, ist genügend Wasser da.

- Malt das Wasser in die Wasserrohre.
  Achtung: Unserer Zeichner hat einen Fehler gemacht. So wie er gezeichnet hat, bekommen nicht alle Wohnungen Wasser. Denkt an eure Versuche von Blatt 1.

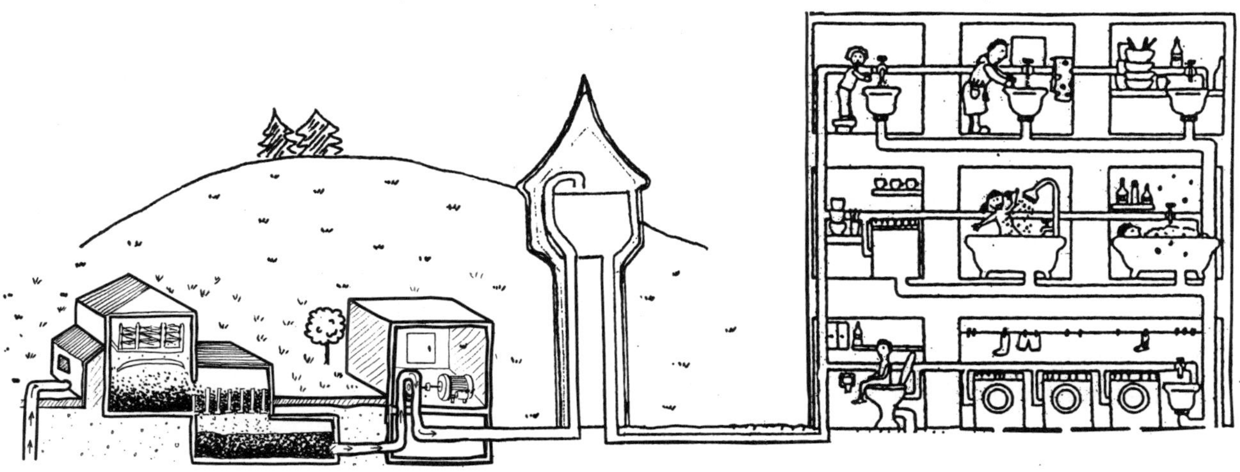

Pumpen

Hier drücken starke Pumpen das Wasser direkt in die Leitungen zu den Häusern.
Malt den Weg des Wassers in den Rohren blau aus.

- Kommt euer Wasser aus einem Hochbehälter? Fragt eure Lehrerin.
- Führt der Klasse eure Versuche vor und erklärt die Sache mit den Hochbehältern.
  Vielleicht zeichnet ihr auch einen Hochbehälter und einige Häuser an die Tafel.

Lösungsversteck: Die drei obersten Wohnungen bekommen kein Wasser. Sie liegen über dem Hochbehälter. Der Zeichner hätte den Wasserturm auf den Hügel stellen müssen.

Wo sind die Rohre?

Wasser kommt durch Rohre ins Haus. Das heißt: Vom Wasserwerk bis in euer Haus oder eure Schule müssen Rohre führen.
Im Haus sind die Rohre im Keller leicht zu finden:

- Lasst sie euch im Keller eurer Schule und zu Hause zeigen.

Außerhalb der Häuser liegen die Rohre unter den Straßen und Wegen. Deshalb sieht man sie nur, wenn die Straße aufgegraben wird.
Manchmal muss man die Rohre aber absperren, weil gebaut wird – oder weil irgendwo ein Rohr gebrochen ist. Zum Absperren gibt es „Schieber". Sie haben die Funktion von riesigen Wasserhähnen.
Manchmal muss auch die Feuerwehr ihre Schläuche sehr schnell an die Wasserrohre anschließen. Das geschieht an „Hydranten".
Damit man Schieber und Hydranten schnell findet, sagen Schilder, wo sie sind.
Wenn man nun weiß, wo die Absperrschieber und die Hydranten sind, kann man sich auch vorstellen, dass dazwischen Rohre liegen.

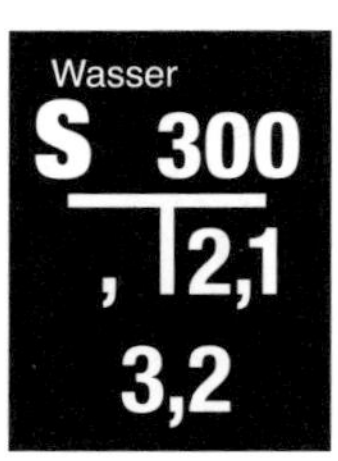

Dieses Schild ist blau und weist mit weißer Schrift auf einen Schieber hin, mit dem man das Wasser absperren kann. Der Schieber ist vom Schild aus 2,1 m nach rechts und dann 3,2 m nach vorn. Das Rohr ist übrigens 300 mm dick.

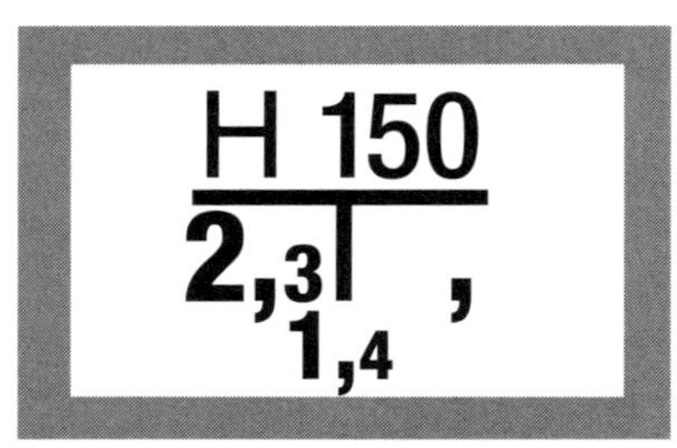

Dieses Schild ist weiß, hat einen roten Rand und schwarze Schrift. Es weist auf einen Hydranten hin, an dem z. B. die Feuerwehr schnell viel Wasser bekommt. Der Hydrant ist 2,3 m vom Schild aus nach links und dann 1,4 m nach vorn zu finden. Das Rohr ist 150 mm dick.

- Male eins der Schilder ab. Hänge es an die Wand. Wo müsste nun der Schieber oder der Hydrant in der Klasse sein? Miss es aus. Erkläre es anderen.
- Suche auf dem Weg zur Schule solche Schilder. Male sie ab.

Was ist alles im Abwasser drin?

Wenn wir das Trinkwasser benutzt haben, schütten wir es weg. Es soll abfließen und heißt nun „Abwasser". Das Wegschütten passiert in der Küche, im Bad und manchmal im Keller. Schreibe auf, was alles im Abwasser drin ist.

Küche: Topf ausscheuern, Tee- und Kaffeereste weggießen, Cola- und Saftgläser von der Party spülen, Sand von den Kartoffeln waschen, Reis waschen, Fett aus der Pfanne spülen, mit Spülmittel abwaschen, Öl aus der Salatschüssel spülen, salziges Kochwasser weggießen, Staub und Sand von Gemüse und Obst waschen, mit Essigwasser den Kühlschrank säubern

Bad: mit Shampoo die Haare waschen, mit Duschgel duschen, mit Seife Dreck von den Händen waschen, auf das Klo gehen, sich übergeben, Schaumbad ablassen, Zähne mit Zahnpasta putzen

Keller: mit Waschmittel Staub, Schweiß, Fett aus der Kleidung waschen, Aufwischwasser mit Sand und Dreck auskippen, nach dem Malen gefärbtes Tuschwasser wegkippen

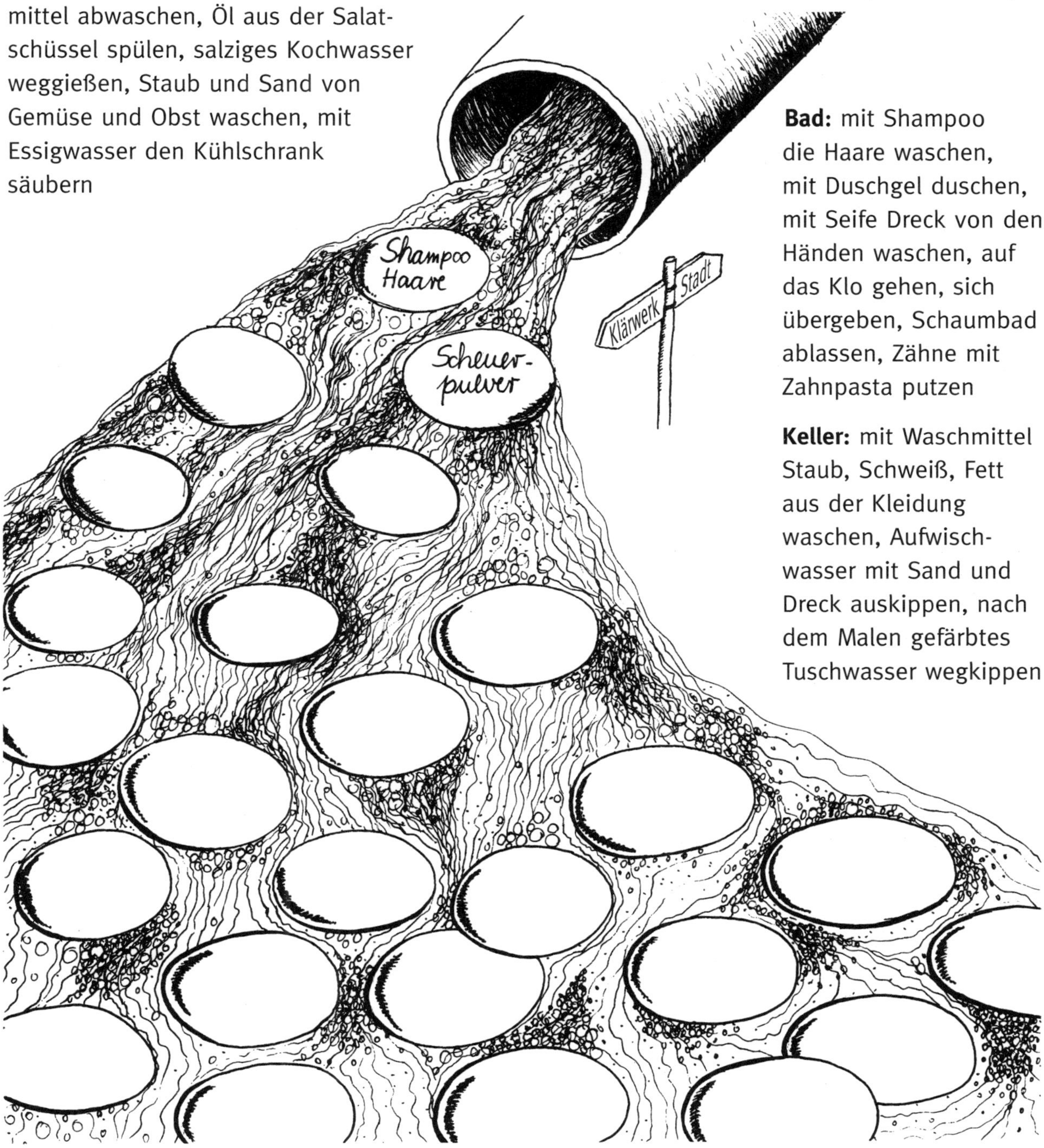

Wir versuchen, Abwasser mit dem „Rechen“ zu klären

Achtung:
Zu dieser Seite gehört auch eine Kopie von Station C 5!

Du weißt es: Im Abwasser sind zum Beispiel Sand (vom Waschen), Fusseln (vom Aufwischen), Haare (vom Haarewaschen) und manchmal auch Sachen, die aus Versehen hineingefallen sind, z. B. Lappen oder Windeln.

Benutzt für euren Versuch Watte und Sand.

- Stellt aus Wasser, etwas Sand, Watte, Fäden und ganz kleinen Streifen aus einer Plastiktüte „Abwasser“ her. Rührt kräftig um.
- Gießt euer Schmutzwasser durch den „Rechen“.

- Wartet ein wenig und betrachtet dann das Wasser. Zeichnet auf, was ihr zum Schluss seht.

Im Klärwerk geschieht ganz Ähnliches am „Rechen“ und im „Sandfang“.
Suche diese beiden Stationen auf der Übersicht C 5 und hake sie dort ab.

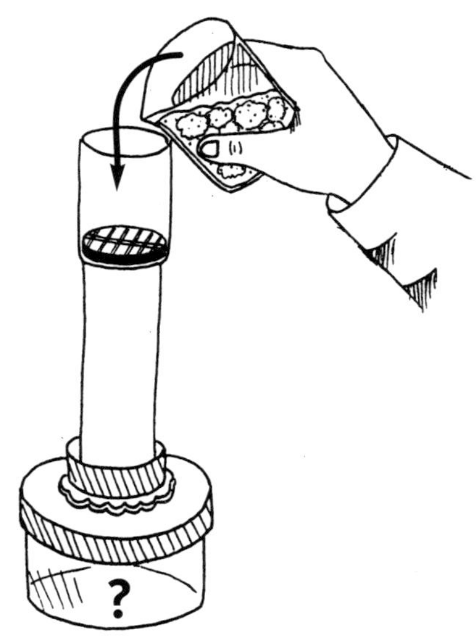

Lösungsversteck: Der Rechen hält grobe Stoffe zurück. Der Sand setzt sich nach einiger Zeit am Boden ab.

Wir versuchen, Abwasser in einem „Absetz-Becken“ zu klären

Achtung:
Zu dieser Seite gehört auch eine Kopie von C 5!

Wasser

in Wasser aufgelöstes Toilettenpapier

Du weißt es: Im Abwasser ist zum Beispiel auch Fett, aber auch aufgelöstes Toilettenpapier.

- Benutzt für diesen Versuch Salatöl. Fragt eure Lehrerin nach aufgelöstem Toilettenpapier.

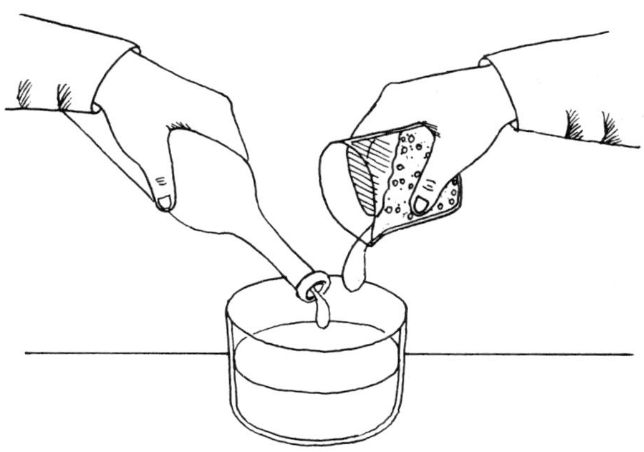

- Gebt ein wenig Öl und das aufgelöste Toilettenpapier in das Wasser.

- Rührt um.

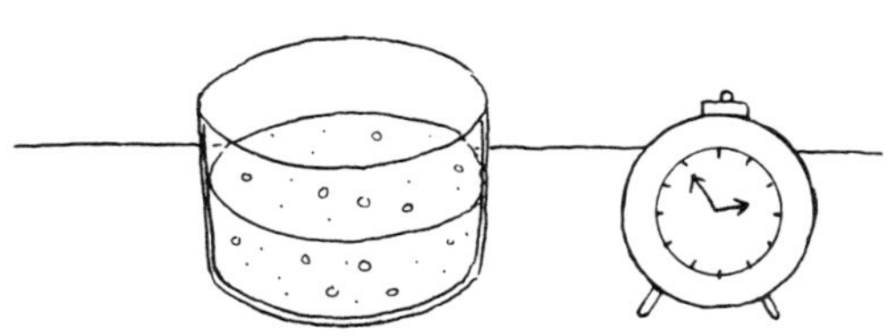

- Wartet ein wenig und betrachtet dann das Wasser.

- Zeichnet auf, was ihr zum Schluss seht.

Im Klärwerk geschieht ganz Ähnliches im „Vorklärbecken“.
Suche diese Station auf der Übersicht C 5 und hake sie dort ab.

Lösungsversteck: Das Fett schwimmt bald obenauf. Es setzt sich an der Oberfläche ab.
Es gibt aber auch feine Teilchen, die mitten im Wasser schweben.

Kleinste Lebewesen helfen, Abwasser zu klären

Achtung: Zu dieser Seite gehört auch eine Kopie von C 5!

Bakterien sind kleinste Lebewesen. Man braucht schon ein Mikroskop, um sie zu sehen. Sie können sehr nützlich sein. Zum Beispiel „fressen“ die Bakterien Schmutzteilchen in Seen und Flüssen auf. Wenn es keine Bakterien geben würde, wären alle unsere Seen längst verschmutzt.

Solche Bakterien gibt man im Klärwerk dem Abwasser zu. Und dann „fressen“ sie viel von dem Schmutz auf, den Rechen, Sandfang und Vorklärbecken nicht herausbekommen haben.

Um leben zu können, brauchen unsere winzigen Freunde aber auch noch Sauerstoff, und von dem ist im Abwasser nicht genügend drin. Jedenfalls nicht für so viele Bakterien. Deshalb pumpen wir ständig Luft in das Wasser, und es sprudelt stark. Unsere Bakterien sind aber keine Allesfresser. Sie mögen viele Waschmittel nicht, keinen Tabak, keine Lackfarben, kein Salz und und und ...

Bakterien haben kein langes Leben. Wenn sie sich satt gefressen und fortgepflanzt haben, sterben sie bald und sinken zu Boden. Von dort kann man sie wie den Schlamm herausholen und trocknen.

Sucht in C 5 die Stelle, wo die Bakterien Schmutz aus dem Abwasser „fressen“. Hier leben wir.

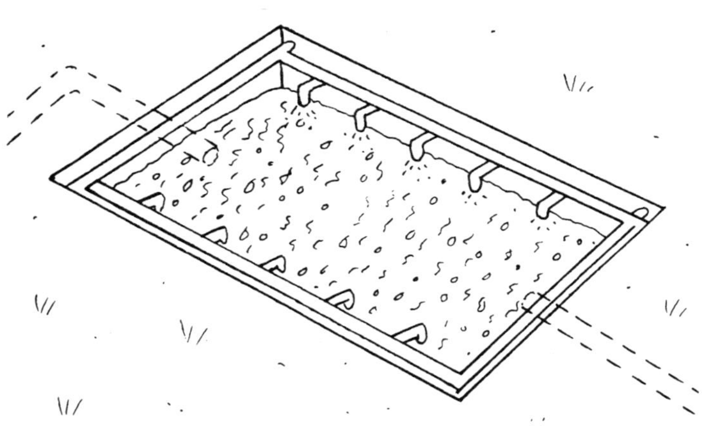

Im Klärwerk wird Abwasser geklärt – Blatt 1

K

Auf diesem Bild siehst du ein kleines Klärwerk. Es wird von einer Gemeinde betrieben, die aus mehreren kleinen Orten besteht. Es funktioniert genauso wie große Klärwerke in großen Städten. Das Wort „Klär-Werk“ verrät schon, was hier geschehen soll: Das schmutziggraue Abwasser aus den Abwasser-Rohren soll wieder klar, also sauber werden. Deshalb wird hier versucht, alles das wieder aus dem Wasser herauszubekommen, was wir in das saubere Trinkwasser hineingetan haben.

- Bereite einen kleinen Vortrag für die Klasse vor. Das Thema heißt: „Im Klärwerk“. Dazu kannst du die Versuche machen, die hier angegeben sind. (Stationen C 2, C 3).

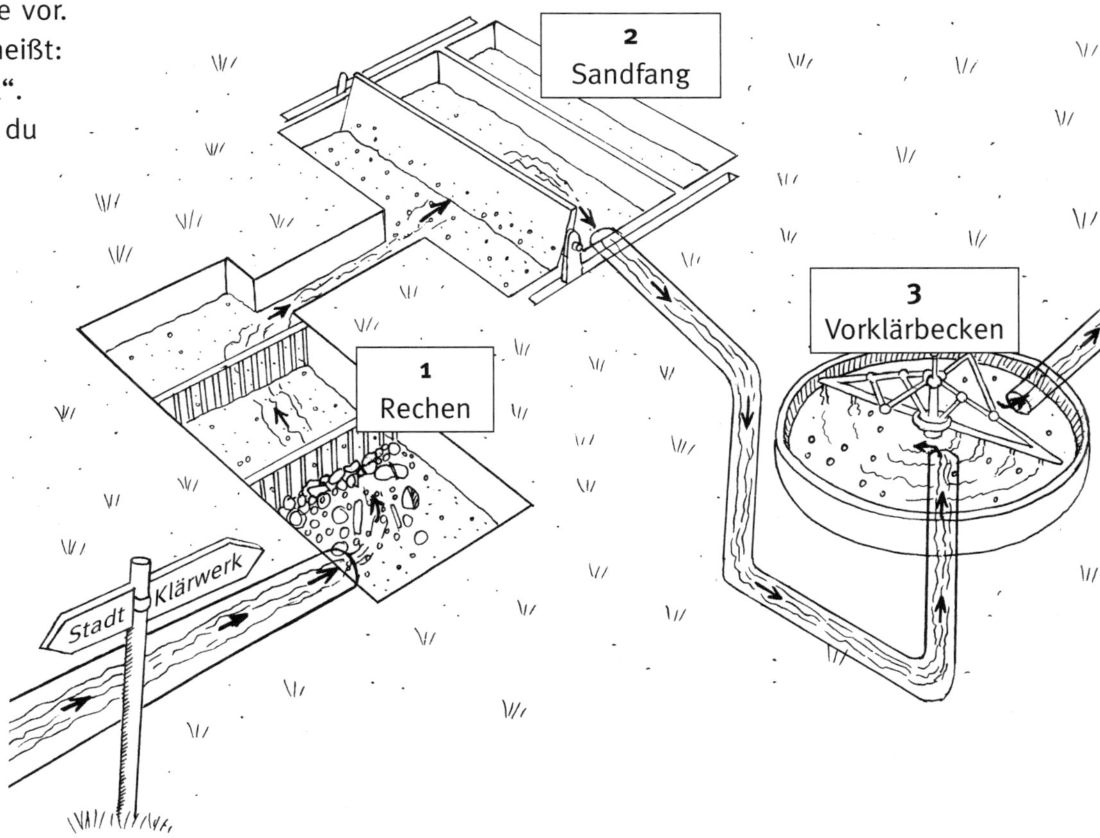

Reinigungsstation 1:
Der Rechen

Der Rechen hält die großen Schmutzteile zurück – wie ein Rechen, mit dem man im Garten harkt.

Den Versuch C 2 habe ich durchgeführt ☐

Reinigungsstation 2:
Der Sandfang

In diesem Becken sinken die schweren Schmutzteilchen zu Boden. Hauptsächlich ist das Sand. Deshalb heißt diese Station auch so.

Den Versuch C 2 habe ich durchgeführt ☐

Bitte hier den grauen Streifen abschneiden

Im Klärwerk wird Abwasser geklärt – Blatt 2

K

Bitte hier mit Klebstoff versehen und Blatt 1 und 2 zu einem Bild zusammenkleben.

Klebe aus Blatt 1 + 2 ein großes zusammen.

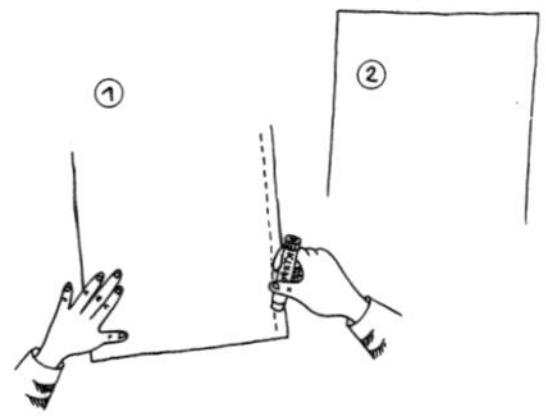

Hier falten: So passt das Blatt in deinen Hefter.

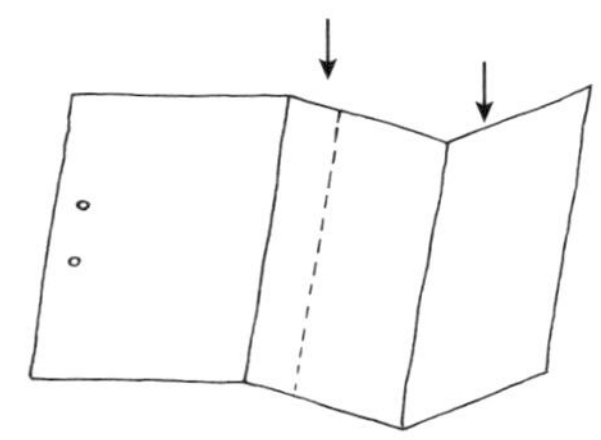

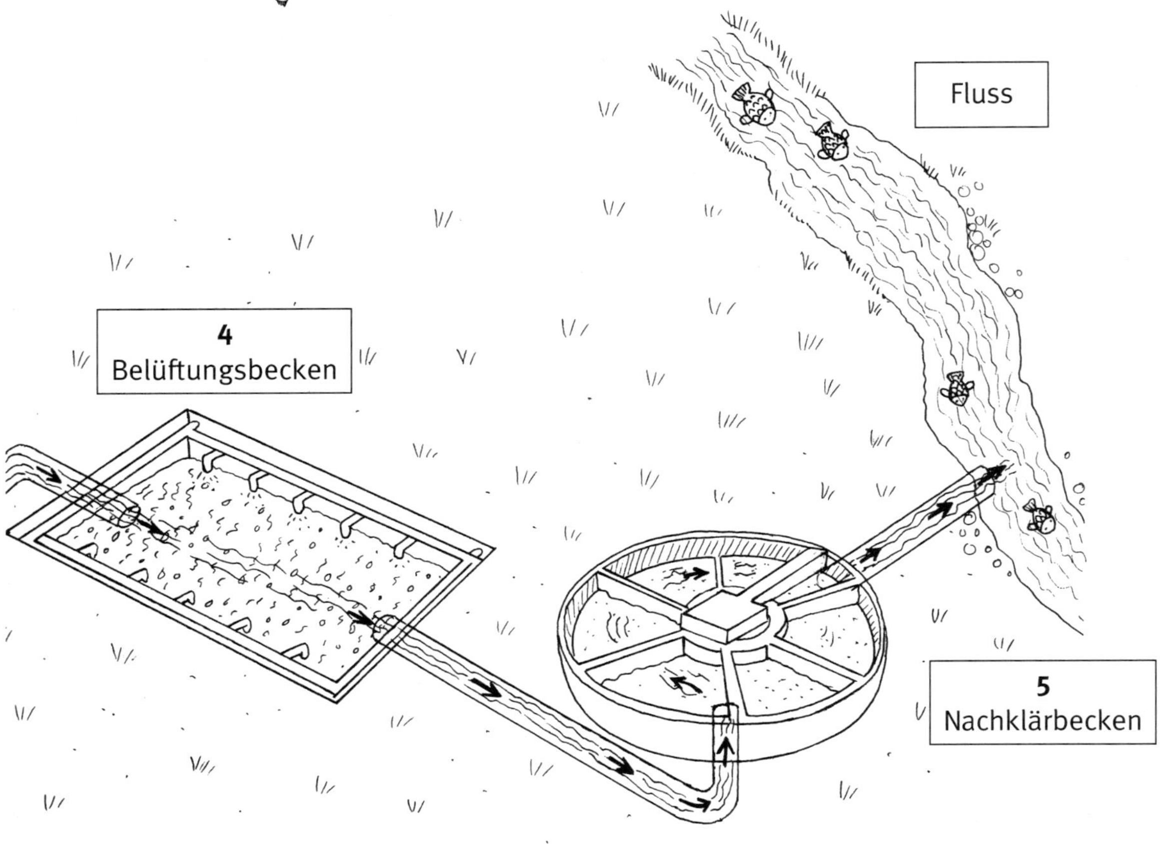

Reinigungsstation 3:
Das Vorklärbecken

Hier wird das Wasser gestaut. Manche Schmutzteilchen sinken auf den Boden. Öl und Fett aber schwimmen an die Wasseroberfläche. Da dieses Becken vor zwei anderen ist, in denen das Wasser dann klar werden soll (geklärt), heißt es Vorklärbecken.
Den Versuch C 3 habe ich durchgeführt ☐

Reinigungsstation 4:
Das Belebungsbecken

Hier werden kleine Lebewesen (Bakterien) in das Abwasser gegeben. Sie sollen die kleinsten Schmutzteilchen als Nahrung aufnehmen. Außer diesem „Futter" brauchen sie Luft zum Leben.
Die muss man in das Wasser blasen. Einen Versuch dazu könnt ihr leider nicht machen.
Den Text C 4 habe ich gelesen ☐

Reinigungsstation 5:
Das Nachklärbecken

Hier sinken die kleinen Lebewesen zum Boden und bilden einen Schlamm. Nun ist das Abwasser so weit wie möglich geklärt und kann in einen Fluss geleitet werden. Allerdings hat auch das Klärwerk nicht alles herausbekommen, was im Abwasser drin war.

Wohin mit dem Abwasser? – Blatt 1

K

Aus den drei Abbildungen auf dieser und der folgenden Seite lässt sich ein langes Bild zusammenkleben:

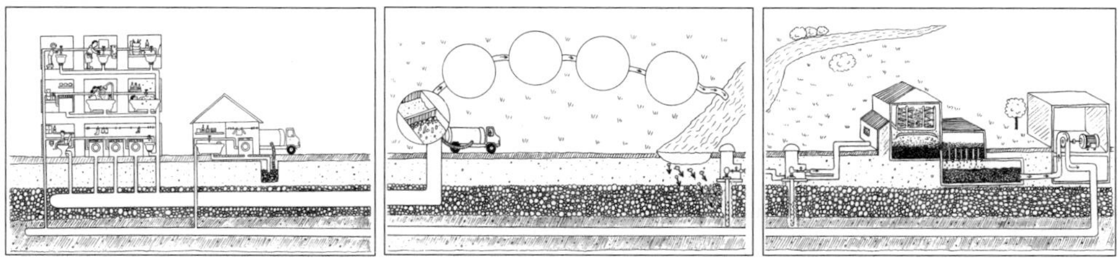

Schneide die drei Abbildungen entlang der Linie aus, die mit der Schere gekennzeichnet ist. Klebe sie so zusammen:

Male alle Rohre, in denen schmutziges Wasser („Abwasser") fließt, braun an. Beginne dort, wo die Leute das gebrauchte Wasser abfließen lassen.
Male alle Rohre, in denen sauberes Trinkwasser fließt, blau an. Beginne beim Wasserwerk.
Lies die Texte. Erkläre das Bild einem anderen Kind.

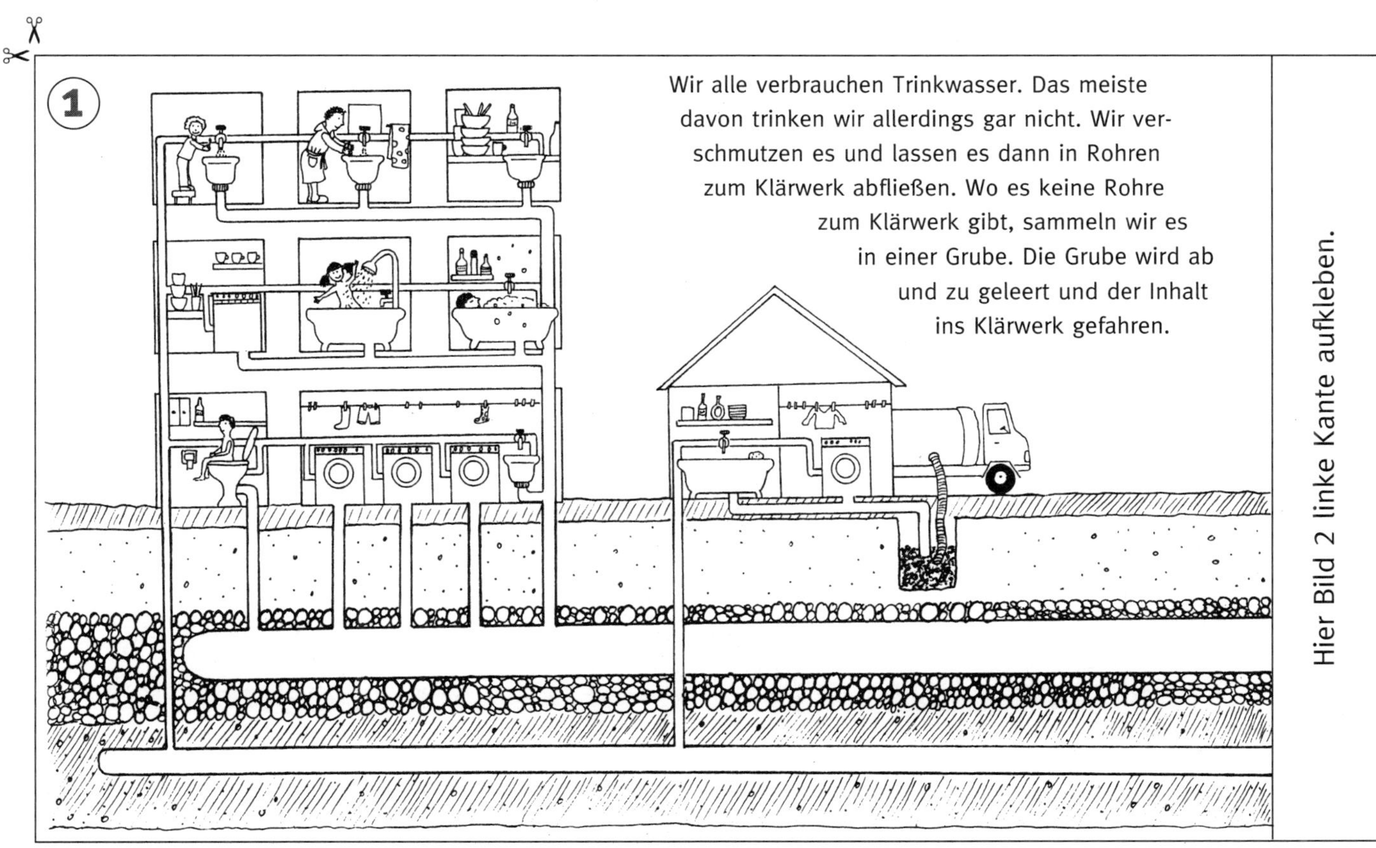

Wohin mit dem Abwasser? – Blatt 2

K

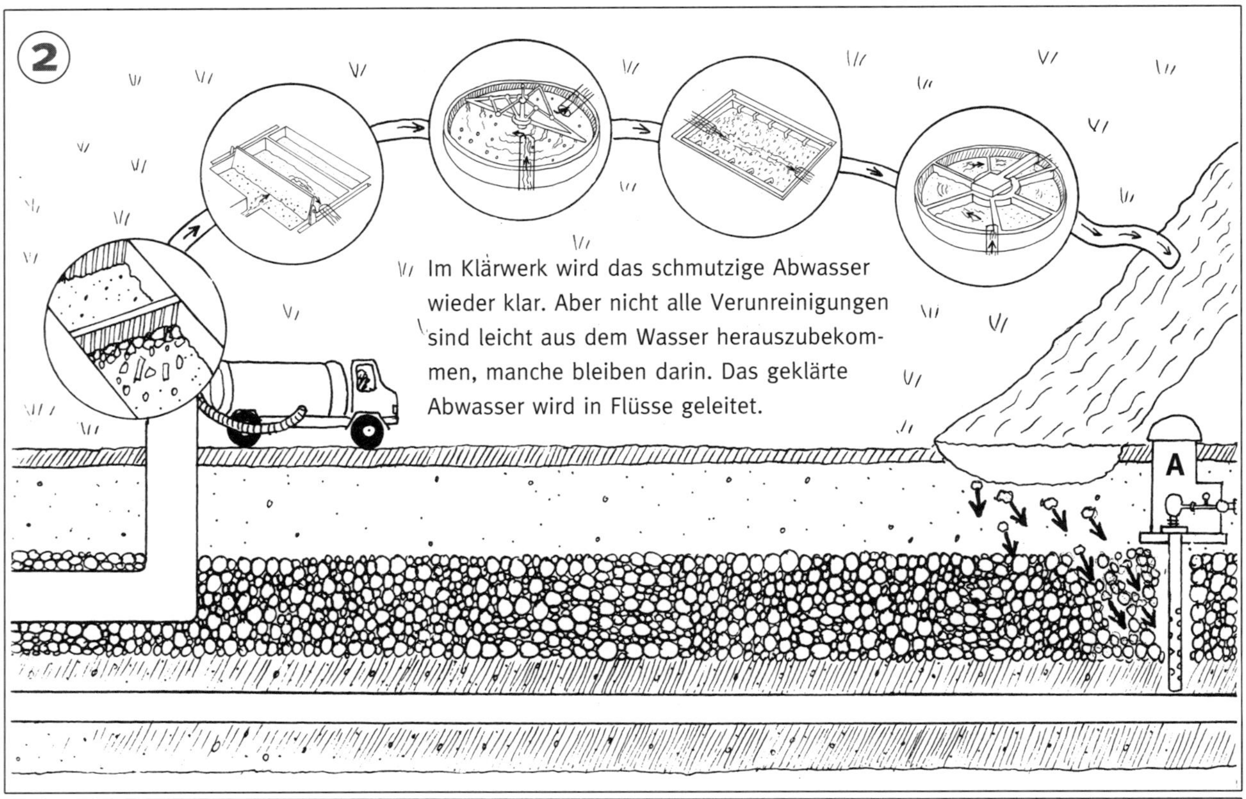

Hier Bild 2 rechte Kante aufkleben.

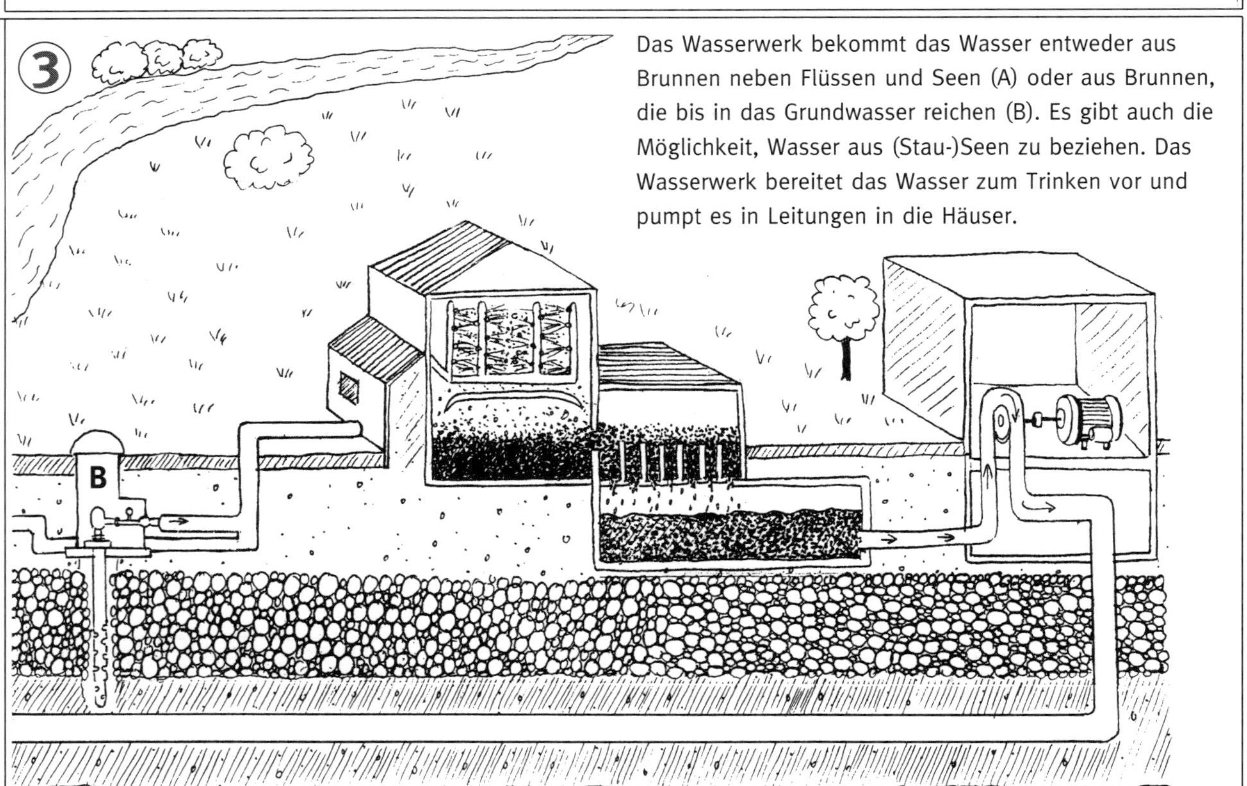

Schwimmende Büroklammern?

- Für diesen Versuch brauchst du: einen Becher mit Wasser, Büroklammern und ein Papiertuch (Taschentuch oder Küchenrolle)

Was meinst du: Schwimmt eine Büroklammer? Lege sie vorsichtig auf die Wasseroberfläche.

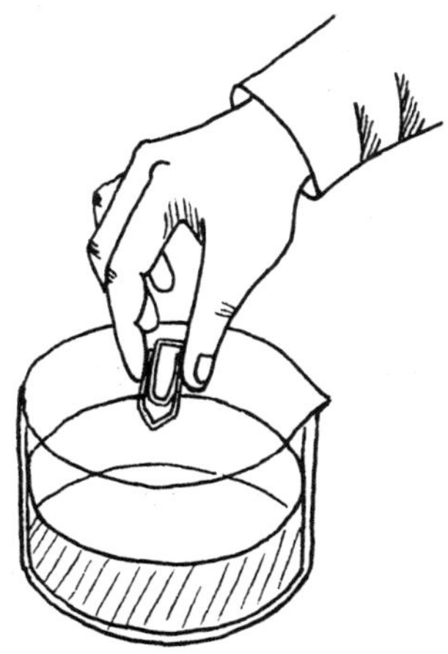

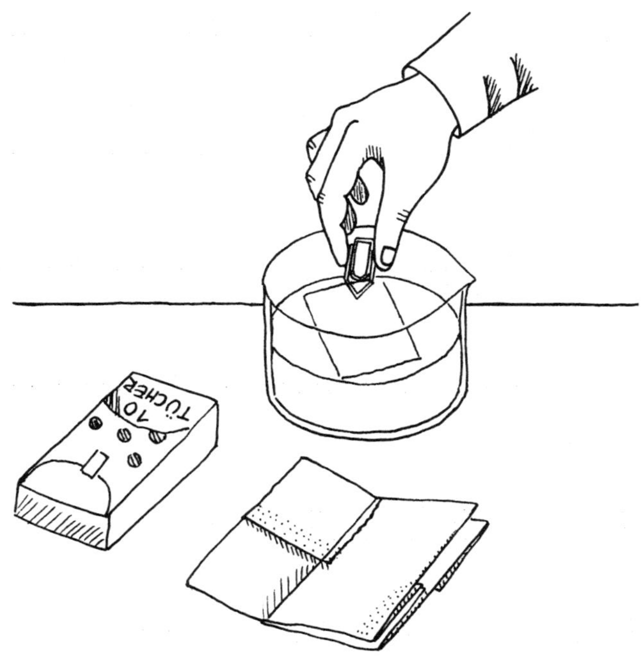

- Lege nun ein Stück Papiertuch auf das Wasser. Ganz vorsichtig! Es soll den Becher nicht berühren.
- Lege nun eine trockene Büroklammer auf das Tuch, ehe das Tuch zu sinken beginnt! Versuche es auch mit mehreren Klammern.
- Beschreibe diesen Versuch im Heft. Zeichne ihn auch. Schau genau hin, wie die Büroklammern auf dem Wasser liegen.
- Führe den Versuch als Kunststück anderen Kindern oder zu Hause vor.

Lösungsversteck: Wasser besteht aus kleinsten Teilchen. Sie halten einander nach oben, nach unten und zu den Seiten fest. Die obersten an der Oberfläche können sich nur nach unten und zu den Seiten halten. Sie spannen sich dabei. Wenn man diese Spannung nicht zerstört, tragen die Wasserteilchen noch leichte Gegenstände.

„Eis am Stiel“

Für diesen Versuch benötigst du: einen Becher mit Wasser, einen Eiswürfel, Salz und einen Zahnstocher (es geht auch mit einem Streichholz).

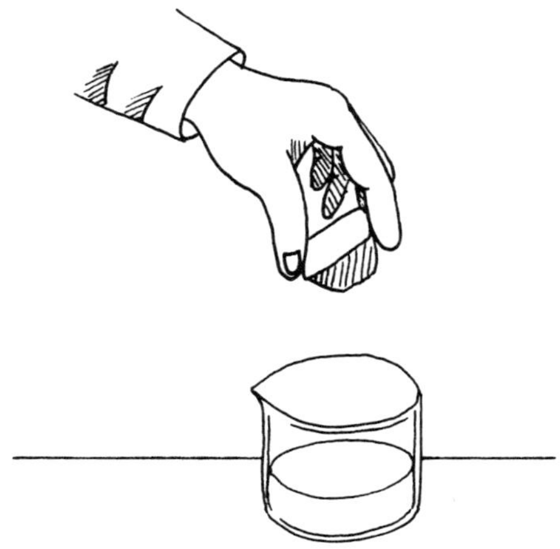

- Lass Wasser im Kühlschrank zu Würfeln frieren. Lege einen Eiswürfel so ins Wasser, dass eine flache Seite nach oben zeigt. Schwimmt er? Sinkt er? Was passiert, wenn du ihn untertauchst und loslässt?

- Lege einen Zahnstocher (Streichholz) auf den Eiswürfel. Streue eine Prise Salz auf das Streichholz und den Würfel. Eine Prise, das ist so viel, wie man zwischen Daumen und Zeigefinger nimmt, wenn man z. B. auf Radieschen Salz streuen will. Zähle bis zehn.
  Kannst du den Eiswürfel nun am „Stiel“ aus dem Wasser heben?
- Beschreibe diesen Versuch im Heft. Zeichne ihn.
- Führe ihn als Kunststück anderen Kindern oder zu Hause vor.

Lösungsversteck: 1) Eis schwimmt, weil es mehr Platz einnimmt als das Wasser, das in ihm gefroren ist. Allerdings schwimmt ein Eisblock zu einem größeren Teil unter dem Wasser als darüber. 2) Streut man Salz auf Eis, schmilzt es. Allerdings friert es in unserem Kunststück gleich wieder, weil der Eiswürfel so viel größer ist als die kleine Pfütze, in der das Hölzchen liegt. Also friert es fest.

Die Münzen im Glas

Für dieses Spiel braucht man die beiden ineinanderpassenden Becher und einen dritten voll Wasser und außerdem Münzen.

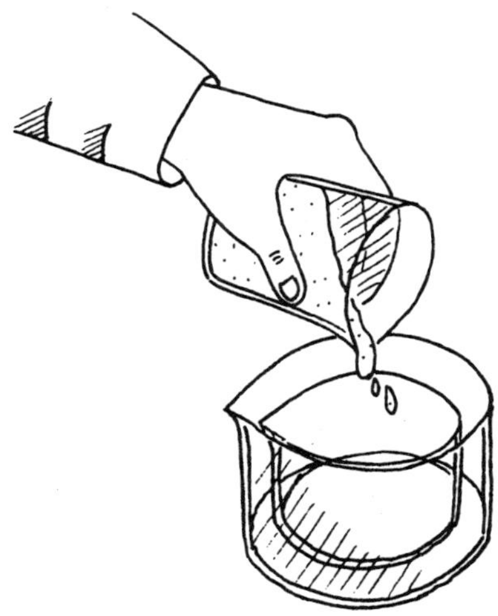

Dieses Spiel solltet ihr zu zweit spielen:

- Füllt den kleinen Becher bis zum Rand – so voll, wie es nur geht. Die Wasseroberfläche muss fast einen kleinen Hügel bilden. Ob jetzt noch Münzen hineinpassen?

- Schätzt, wie viele Münzen in das gefüllte Becherglas passen. Natürlich ohne dass Wasser überläuft. Gebt nun abwechselnd Münzen ins Glas. Gewinner ist, wer der wirklichen Anzahl mit seiner Schätzung am nächsten gekommen ist.

Lösungsversteck: *Wasser besteht aus kleinsten Teilchen. Sie halten einander nach oben, nach unten und zu den Seiten fest. Die obersten an der Oberfläche können sich nur nach unten und zu den Seiten halten. Sie spannen sich dabei. Die Münzen verdrängen nun aber die unteren Wasserteilchen und drücken sie hoch. Irgendwann halten die oberen Teilchen den Druck von unten nicht mehr aus.*

Die Wasserlupe

Du brauchst: ein Geldstück, z. B. 10 Cent, einen Trinkhalm, einen Becher mit Wasser, etwas Geduld.

- Tauche den Trinkhalm ins Wasser.
  – Aber nicht sehr tief!
  Verschließe den Trinkhalm nun oben mit deinem Finger.
  Nimm den Trinkhalm aus dem Becher:
  Das Wasser fließt nicht heraus.

- Halte den Trinkhalm über die Münze.
  Lass ein wenig mit deinem Finger locker.
  Versuche möglichst viel Wasser auf die Münze zu lassen – ohne dass es überläuft!
  Betrachte die Münze nun durch den „Wasserberg“.

- Zeichne die Münze von der Seite (man sieht also nur ihren Rand) und darauf den Wasserberg.
- Zeichne die Zahl auf der Münze so, wie du sie ohne das Wasser siehst, und daneben so, wie sie durch das Wasser betrachtet aussieht.

Lösungsversteck: Wasser besteht aus kleinsten Teilchen. Sie halten einander nach oben, nach unten und zu den Seiten fest. Die obersten an der Oberfläche können sich nur nach unten und zu den Seiten halten. Sie spannen sich dabei. So entstehen z. B. die Wassertropfen am Wasserhahn. Die gewölbte Oberfläche wirkt wie ein Vergrößerungsglas oder ein Brillenglas, das ja auch gewölbt ist.